死前七天

關於罪行與死刑背後的故事

Seven Days to Live

Carina Bergfeldt

卡瑞納・伯格費爾特 著

胡玉立 譯

目次

我有時候會覺得這一切實在很悲哀，……一個生命就此結束，而那個人也早已摧毀了其他人的生命。還有就是那些家屬，眼看他們失去了一直以來抱持的希望，是最讓人感到難過的事。他們神色嚴峻的臉上，往往佈滿了長期承受巨大悲痛的傷痕。

那時候，我才明白，他真的走了。從現在起，只剩下我的聲音；他永遠不會出聲了。我感覺到可怕的孤獨，坐在那裡很久很久。我親吻他，和他說話，撫摸他。然後我傾身向前，最後一次吻他的唇，把被單蓋到他頭上，起身離開。

生命是一份禮物，不要浪擲它。儘可能做好事，儘可能寬恕。如果這些你都做到了，繼續向前走；不論是今生、還是來世。

他在內心深處渴望的是，不要去過這一天。今天，有一位母親會失去她的兒子。他知道，當你的孩子死去時，發現自己置身在深不可測的空虛裡，是什麼滋味。不只他自己曾經經歷過這種失去摯愛的傷痛，他也從許多悲痛欲絕的眼睛裡，看到它們反射出來相同的悲痛。

我弟弟還是死了。我幾乎每天都想到他，我還是會有衝動想打電話給他，但不可能，他不在了。但是知道范恩．羅斯死了，讓我得到一些平靜。悲傷永遠不會消失，但他會，慢慢消失了。過去這一年，我很少再想到他，很少再去想我目睹的那些事。

前言
Preface

二〇〇一年一月的一個早晨，衛斯理・席爾茲（Wesley Shields）把車停好，走向躺在峽谷湖路（Canyon Lakes Drive）那兒的屍體。他很難想像自己以前曾經有一段時間，並不想當犯罪現場鑑識人員；這份工作的出現，純屬巧合。

他和警方合作至今已有廿二年了，其中一半的時間，也就是過去十一年，他一直在做今天他所做的這種事：在德州拉伯克市（Lubbock）進行犯罪現場調查。當年，他因為對原有的工作感到厭煩，想換個新工作，不斷查看公司內部的公告，結果只看到刑事鑑識人員這項職缺。於是他提出申請，得到了這份工作，從而發現一個新世界，那裡遠比他原本想像的要有趣太多。

「我喜歡我的工作，因為它非常重要，很關鍵。」許多年之後，他坐在自己的辦公室裡，開始回憶二〇〇一年一月那天發生的事，細節彷彿歷歷在目。

「想要搞清楚犯罪問題，方法就是那些。首先，你可以透過證人的協助，或是從受害者那裡尋找答案。有人看到了什麼，然後把那些情況告訴你，之後就得靠證據繼續找下去。沒有證據，一切都是視情況而定的旁證。要把拼圖裡的那些一小片一小片找出來，證明案子是誰幹的，確實是一大挑戰。不論你找到什麼：腳印、血跡、DNA、子彈……任何東西都可以有助於釐清案情。」

警方的接線生是在二〇〇一年一月卅一日上午十一點半接獲報案，有兩具屍體需要認明身分，請求支援。四分鐘之後，衛斯理．席爾茲從拉伯克警察總局出發，前往大壩。到了峽谷湖路，他先是看到員警同僚的巡邏車。而那輛卡在幾棵樹後頭的黑色瑞典製汽車，則是所有人的目光焦點。

那輛一九九三年款的紳寶（Saab）汽車，距離路邊五十四公尺。衛斯理可以看到那些樹卡住了那輛車，所以駕駛的人沒辦法把車子開到他可能原本打算去的地方，也就是山谷深處。如果車子真的開到那裡，大概很久很久都不會有人發現它。但是現在，那輛車子停在每個人都看得到的路邊，卡在兩棵樹幹之間。

從人行道上，衛斯理．席爾茲看不到那兩具屍體，但他知道他們在那兒。先行到達現場的警察，已經跟他確認過這點。打九一一報警的那名男子是拉伯克自來水廠員工，他也向警察提供了這個訊息。不過，當天上午最早其實是一名自行車騎士經過那裡，先看到了那輛卡在山溝裡的汽車，但他不敢自己一個人去查看，就把消息告訴了那位自來水廠員工。

衛斯理．席爾茲不是會害怕這種事的人，而且實地查看是他的責任。他和另外兩名警察一起走向那輛車子。他們沿著山溝的東側走，尋找腳印和別的東西，任何他們踏過的土地都不放過。

最後，他們來到一個可以俯看到那輛紳寶汽車的高處，向內窺看，確定駕駛座是空的；開過那輛車子的人，不管是誰，已經走了。汽車右前座的座位旁，窗戶玻璃也不見了，但衛斯理．席爾德沒看到汽車旁邊的地上有任何碎玻璃。右前座上有個黑人女性，身體向前彎曲，頭夾在兩腿之間，唯一清晰可見的是她背上的血痕。他們還看到後座有一名男性，他臉部朝下，身體幾乎折成兩半，兩腿朝上抵著汽車車門。他是個白人，頭髮灰白，身上有大量血跡。衛斯理．席爾茲靜靜研究這兩具屍體，把他看到的事情全都記錄下來。然後，沿著原路回去，踩著自己走過的路徑回到馬路上，拿出一台攝影機，開始把現場情況精確地拍下來。幾分鐘後，他要來了一把電鋸。

「那些樹讓我們無法靠近現場，很難看到東西，這樣根本沒辦法工作。」

他要一名警察同僚把最靠近那輛汽車的兩棵樹鋸掉，再把砍下來的樹幹小心包進防水帆布裡，送去警局車庫；衛斯理．席爾茲待會兒會去檢查它們。樹砍掉以後，他叫來一輛拖吊車，把那輛紳寶汽車拖到更靠近馬路的地方，以便進一步調查。拖吊車把紳寶拖到距離路面六公尺的一處平坦區域。

那輛汽車登記在道格拉斯．伯索爾（Douglas Birdsall）的名下，他五十三歲，是當地德州科技大學圖書館館長。衛斯理．席爾茲打開車門，在那名男子的後口袋裡，找到了一個皮夾，確認死者就是那輛紳寶汽車車主。他把那名女子的屍體拉起來時，並沒有找到皮夾，卻發現她手上拿著一把小刀。她的衣服口袋裡有一張折起來的紙，上頭顯示，十八歲的薇歐拉．麥克維德（Viola McVade）申請了新的駕駛執照。

當衛斯理．席爾茲採集好那名女性的指紋、送去確認身分時，時間是晚上七點零五分。等到汽車被拖走、屍體送去停屍間，他坐上自己的車，開回拉柏克警局時，一名同事已經確認了指紋的身分歸屬：死者是薇歐拉．麗娜．羅斯．麥克維德（Viola Leanna Ross McVade），出生日登記的是一九八二年七月十三日。這項對照，確認了衛斯理．席爾茲原先的預測。現在，兩名死亡的被害人姓名都有了：

道格拉斯．伯索爾，白人男性，五十三歲

薇歐拉．麥克維德，黑人女性，十八歲

對衛斯理．席爾茲來說，這一天距離結束還遠得很。他的同事開車去找薇歐拉．麥克維德的家人，轉告她的死訊，於此同時，他則是前往拉伯克市九十六街五二三〇號，道格拉斯．伯索爾的住所。當他踏入那棟房子，第一個印象就是屋子非常乾淨整潔，和他多年來待過的許多犯罪現場形成鮮明的對比。他在廚房裡找到一個留有唇印的玻璃杯，煙灰缸裡有一支紐波特（Newport）香菸菸蒂。他在道格拉斯．伯索爾的汽車前座，把薇歐拉．麥克維德的屍體拉起來時，車子地板上也有同一個牌子的香菸。屋內沒有任何掙扎過的痕跡。衛斯理．席爾茲把門鎖好、封上犯罪現場封條，時間是午夜十二點十二分。然後他開車回家，睡了六小時，第二天上午再去停屍間報到，為遇害者解剖驗屍。

驗屍官先從道格拉斯．伯索爾開始驗起。他脫下屍體身上的衣服，小心翼翼地把衣物放入塑膠袋。然後夾起男子的手指甲，檢查指甲裡有沒有攻擊者殘留下來的痕跡。接著，驗屍官再次查看屍體所有的傷痕。道格拉斯．伯索爾總計中了五槍，驗屍過程也花了五個小時。

「他中槍時，雙手一定緊握著方向盤，因為我記得有一道傷口特別明顯：子彈先是直穿他的右手臂，緊接著穿過他的左手臂，」衛斯理．席爾茲說。

等到驗屍完成時，驗屍官得出結論：射中道格拉斯．伯索爾右腦袋的那一槍，奪走了他的性命。然後，驗屍官、兩名助手和衛斯理．席爾茲一起去吃午飯。

當天下午接著檢驗薇歐拉．麥克維德的屍體，依程序規定除去她身上的衣物。這名十八歲女性總計中了六槍，其中三槍射在腦袋。

「那是近距離槍殺。你可以看得出來，前幾槍是有人站在汽車外開槍，受害者臉上有很多碎玻璃，造成很多小傷口。」

衛斯理．席爾茲舉起一隻手，說明子彈如何射進人體。

「當子彈射出、撞擊身體時，如果在身上打出了一個完整的圓柱形洞孔，就表示子彈沒有先擊中任何其他的地方。子彈是會旋轉，」他一邊說，一邊用食指在空中比劃著，「假如它在射進人體之前先擊中了別的地方，就會改變它的轉動方式。她臉上的子彈傷口顯示，那名凶手是隔著玻璃窗戶射中她。她離凶手非常近，對方是站在車子旁邊對著在車子裡的她開槍。從驗屍結果可以判斷，薇歐拉．麥克維德是凶手行凶的目標，道格拉斯．伯索爾是牽連遇害。」

等到兩名死者的驗屍工作告一段落，今天的工作算是正式結束了。但衛斯理．席爾茲繼續開車到道格拉斯．伯索爾的住處，搜尋證物。這位犯罪現場鑑識員現在知道誰是凶案的受害者，還有他們都是在車子裡頭遇害。他知道子彈的型號，也知道有多少發子彈被擊發。但他也明白，這樁凶殺案發生的地點，並不是在屍體被發現的地方。車子外頭並沒有碎玻璃，現場血跡也太少了。他需要找到真正的犯罪現場。

衛斯理．席爾茲和調查這起凶案的偵查組長道格．普克特（Doc Proctor）談過，他認為既然開了這麼多槍，一定有人聽到些什麼才對。於是，警局開始調閱所有打進局裡的電話；而這麼做，果然沒有白費功夫。一名男子曾在一月卅日晚上十點四十五分左右打電話報案，說在第十街附近一個巷子，聽到了好多聲槍響。警察前往那條巷子，找到了他們一直在找的東西：一大堆玻璃碎片和兩灘血跡。

「每當有人問起我在做什麼工作時，我提到的第一件事，就是我的工作一點也不像電視影集〈CSI犯罪現場〉演的那樣。但在那個特別的時刻，還真的幾乎和CSI裡演的一樣。那天，在化驗室裡工作的一名女性對這個案子非常感興趣，她放下手邊所有的事，全力協助我們。我們沒有花太久的時間，就得到了化驗結果，顯示那就是道格拉斯．伯索爾的血跡。我們終於有了犯罪現場。」

那條巷子位在城裡的一個偏僻地帶，打電話報案的那名男子說，他至少聽到五聲槍響，一開始他還以為是鞭炮聲。他說他沒有聽到任何打鬥的聲音，而在被問到那天晚上還有什麼不尋常的事情發生時，他說，就在槍擊聲出現的前幾分鐘，有一名年輕黑人女性，帶著一個小孩來敲他家的門，向他借用電話。他沒有讓她進屋來，只是在門邊把電話拿給她使用。

道格．普克特和衛斯理．席爾茲注意到，那條巷子位在范恩．羅斯（Vaughn Ross）的公寓旁邊。范恩．羅斯是一名廿七歲的建築系學生，他和在凶案中遇害女子的姊姊麗莎．麥克維德（Liza McVade）一起到過案發現場，所以他們認得他。

麗莎．麥克維德，是一名小男孩的母親，她曾經報警說她妹妹失踪了，後來也曾要求警方確認陳屍在車裡的是不是她的妹妹。根據她的描述，她妹妹薇歐拉．麥克維德身上有幾處刺青，背上刺了一個名字 Terremy，兩條腿分別刻有薇歐拉的小名：Hootie 和 Bird。在整個談話過程中，麗莎．麥克維德淚流滿面，她的男友則在她身旁支持她。

現在，范恩．羅斯被認為是這起凶案調查的關係人。在道格．普克特準備詰問他的時候，衛斯理．席爾茲開車到位在第五街和J大道的警局車庫，檢查道格拉斯．伯索爾的汽車。他花了好幾個小時檢查駕駛座和右前座一帶，結果徒勞無功。然後，他查看後座；就在那兒，他看到有個東西藏在駕駛座下方、車地板左側。

「那是個手套的指尖。」衛斯理．席爾茲說，然後，他暫時中斷了敘述。

他把辦公桌的一個抽屜拉開來，幾秒鐘後，取出一個乳膠手套。他把手套食指部分的最頂端剪下來，以顯示他發現的東西有多小：只有約〇．八公分。

「那個手套指尖由內向外翻，像是用爛了那樣。我相信，凶手拉住已經死掉的道格拉斯．伯索爾腰上的皮帶環，把他拖到車後座，結果手套指尖被卡住、磨破，掉到車地板上。」衛斯理．席爾茲說。

手套指尖被送去分析化驗，又是交給那位對此案很有興趣的勤快女士，警方在破紀錄的極短時間內確認：手套的一側是道格拉斯 伯索爾的血跡、另一側的皮膚細胞是范恩．羅斯的，他之前在警局曾留下自己的ＤＮＡ樣本。

「就在那一瞬間，事情全都到位了。道格．普克特問了范恩．羅斯的女友，發現范恩和麗莎的妹妹薇歐拉，也就是受害者，在當天有過爭吵。我們搜索了他的房子，找到一件上頭有一點血漬的毛衣。化驗結果顯示，那是道格拉斯．伯索爾的血。我們知道我們找到凶手了，范恩．羅斯被捕。」

衛斯理．席爾茲在回憶中微笑著。

「那個乳膠手套的指尖小碎片，就像一小片拼圖，在最後被找到了，就好像中了樂透彩一樣。逮住罪魁禍首的感受，正是我為什麼做這份工作的理由。」

衛斯理．席爾茲說，二〇〇一年一月卅號當天發生的事，不存在一絲任何可以讓人懷疑的陰影。

「范恩．羅斯殺害了道格拉斯．伯索爾和薇歐拉．麥克維德。罪證確鑿。」

范恩・羅斯行刑日的前三周

Three Weeks Before Vaughn Ross's Execution Date

我只想對這些年來，所有支持我的人表示感謝：我的精神導師坎貝爾（Campbell）牧師、我兒子戴瑞恩（Darrian）的爸爸艾倫（Aaron）、我的律師莫瑞（Mauric），謝謝你們。這並非失敗，而是勝利。你們知道我的去處；我將返回天家，與耶穌同在。堅守信念。我愛你們每個人。

金柏麗·麥卡錫（Kimberley McCarthy），

二〇一三年六月廿六日伏法

這段文字照理應該是金柏麗·麥卡錫的臨終遺言，會永久被放在德州刑事司法廳的網站上，供後人查閱。但那是後來寫的，並不是她最後真正說的話。

想要了解犯罪和死刑的意義，沒有什麼地方比德州亨茨維爾沃斯監獄（Walls Unit Prison in Huntsville）的行刑室，來得更合適。這個面積二·八平方公尺、光線刺眼的青綠色房間裡，唯一惹眼的設備是一座推床。上面趴著一名五十二歲的女性，她四肢擺放的姿勢，很像釘在十字架上、等待死亡的耶穌。

她的情緒可以說相當亢奮，而且一整天都是這樣。金柏麗．麥卡錫和監獄牧師及典獄長聊過了；不到兩小時前，也享用了晚餐：有黑胡椒牛排、馬鈴薯泥、肉汁和蔬菜，至於甜點，她吃了巧克力海棉蛋糕。

這些年來，美國有許多小鎮的主要收入來源是來自監獄，亨茨維爾是其中的佼佼者。這個距離休士頓一小時車程、死氣沈沈的小鎮，附近只有農場、速食店和松樹林，早在一八四八年即被擇定建造出全州第一個監獄，地點就是我們現在的位置：沃斯監獄。這座指標性建築物，環繞高達約十公尺的紅磚牆，簡單、粗獷、堅固，近兩百年來都是如此。一百六十五年後，圍牆外的碎石子街道已改成水泥路；運送囚犯的交通工具，從馬車換成了白色囚車；環繞圍牆四周的社區，也發展為真正的城市。那片環繞監獄的紅磚牆，則是見證了血與淚、自由和死亡。圍牆之內，是另一片小天地；在這些監獄的建築群裡，有教堂、理髮店、汽車修理場、辦公室、醫院、學校、咖啡店，還有——別因此忘了——全美最常使用的行刑室。

再提醒各位一次，我們現在就在這裡。

只要來過亨茨維爾，就一定明白什麼是「罪有應得」。這個鎮有三萬五千位居民，其中將近一半、超過一萬六千人是囚犯，另外七千五百人是住在亨茨維爾、在德州刑事司法廳上班的員工。

他們每天通勤往返九個不同的矯正機構。擔任警衛的人，通常穿著不合身的灰色制服；行政官員的襯衫和長褲，則是燙得筆挺有型。

美國是全世界執行死刑人數最多的民主國家。至於全球執行死刑最多的國家，美國名列第五，排在中國、伊朗、伊拉克、沙烏地阿拉伯之後。美國在二〇一三年（譯註）執行死刑約四十次，其中絕大多數在德州行刑。亨茨維爾，是德州死刑犯一生最後幾個小時停留的地方，死刑犯都在亨茨維爾監獄深處的行刑室裡過世。金柏麗・麥卡錫趴在行刑室，雙臂插著針頭，幾分鐘內也要迎接死亡，只不過，大家都知道接下來會發生什麼事。

首先是行刑人員，他隱身在隔壁房間的雙面鏡後，等待典獄長示意他注射藥劑。他看到指令，按下了注射鍵。

不消多久，致命藥劑戊巴比妥流入金柏麗・麥卡錫的體內。藥劑開始生效時，她張口勉強說了句「上帝是良善的」後，就闔上了雙眼。雖然她這句話不會放在網站上供後人查閱，但肯定是她臨終前最後一句話。見證行刑過程的人士，聽到了幾聲急促刺耳的喘息，幾秒鐘後，金柏麗・麥卡錫沒了聲息，但在心跳停止前，她的胸口還繼續起伏了一分鐘。白布蓋上了金柏麗・麥卡錫的臉，晚上六點卅七分，她被宣告死亡。

死亡的景象，魅惑人心。

亨茨維爾監獄外的停車場，滿滿都是人。這次是當代德州第五百次執行死刑，好幾家電視台進行直播，記者、支持死刑的人、好奇的民眾，以及反對死刑的示威者，全擠在一塊。

以前行刑的時候，到場反對死刑的示威人數通常不會超過十個人，但今天來了四十人。他們手持「停止殺人才能停止殺害」、「廢除死刑」等標語牌，同時哼唱黑人靈歌〈涉水前進〉（Wade in the Water）。

金柏麗・麥卡錫被宣告死亡之後，死刑見證人魚貫走出監獄大門，面對午後烈日的曝曬和電視台鎂光燈的照射。其中一位見證人是藍道・布朗寧（Randall Browning）。他的教母桃樂絲・布斯（Dorothy Booth）在一九九七年遭到金柏麗・麥卡錫搶劫與殺害，時年七十一歲。麥卡錫和布斯原本是鄰居，一天，麥卡錫騙布斯老太太說她想借一碗糖，趁機進入布斯家，用燭台打死桃樂絲・布斯；還把布斯的手指切下來，拿走上頭的結婚戒指。桃樂絲・布斯死了之後，金柏麗・麥卡錫開走布斯的賓士汽車，前往達拉斯，當掉那只婚戒，得款兩百美元。金柏麗・麥卡錫被捕後，經過DNA比對，她還涉及另外兩起搶劫謀殺老人案，受害人同樣被重器毆打致死，但她之前並沒有因為那些案子被起訴。

「五百，只是一個數字。」藍道・布朗寧對簇擁在監獄外面的記者說，「不管這是第五百次，還是第五千次執行死刑，對我們來說都是一樣。我們只認為，這是德州承諾要為我們伸張的正義。」

桃樂絲．布斯的女兒，唐娜．阿爾卓德（Donna Aldred）慢慢走向攝影機，雙眼因哭泣而紅腫。身穿全身黑色衣服的她，把自己的女兒緊緊拉在身邊，簡短地表示，她的母親是「一個非常好的人，不該這麼早死」。

唐娜．阿爾卓德承認，她從一九九七年七月廿一日那天接到電話、得知母親遭人殺害的那一刻起，就在等待今天到來。唐娜．阿爾卓德還記得，當時她坐進車子，開到母親家，看到灑在門廊台階上的糖，浸泡在母親的鮮血裡。

金柏麗．麥卡錫被判處死刑時，唐娜．阿爾卓德站在法庭外，全身黑衣，淚留滿面。她說，她的母親「支持對駭人聽聞的罪行判處死刑」，而「駭人聽聞」四字，正是桃樂絲．布斯受害的寫照。

對於法庭的死刑判決，唐娜．阿爾卓德表示：「這應該是我母親希望看到的結果。」

而對德州刑事司法廳發言人傑森．克拉克（Jason Clark）來說，這次的死刑執行只是例行公事。

「大家說這是一個里程碑，好像第五百次執行死刑會有什麼不一樣，其實我們並不是這樣看待。我們執行我們所收到的法院命令，和過去四百九十九次所執行的事情完全一樣。」他補充說：「我們沒有人覺得這是一份容易的差事，但也不會因為它是第五百次，就覺得更容易或更困難完成。這只是我們份內的工作。」

幾乎不到一小時，七十位證人、四十位示威者、十二名電視記者，以及受害者家屬和受刑者家屬兩方的家人，全都走光了。執行死刑者是一個當地居民，他沒有宣揚自己平時是在做什麼工作，而今天執行這次死刑讓他賺了三千美元；他把自己的東西收拾好，開車回到離這兒不遠的住處。金柏麗・麥卡錫的遺體被送到亨茨維爾近郊的一個小教堂，她的家人可以聚集在她的棺木旁，向她道別，並且做一件她待在山景監獄女子死囚區這麼多年來，他們都不被允許做的事：觸摸她。

金柏麗・麥卡錫的生命終了，幕已落下。今天結束了，罪與罰的討論也告一段落。但是，對那些親身參與其中的人來說，並非如此。

排在這位因犯罪而死的女性之後，準備接受死刑的是編號九九九四九一的囚犯：約翰・昆塔尼拉（John Quintanilla），以及編號九九九四二九的囚犯：范恩・羅斯。他們兩人的行刑日，排在三個星期之後，中間只間隔兩天。在今天的電視轉播中，沒有提到關於他們的隻字片語；他們的名字，也沒有在麥卡錫被處決之後第二天出刊的任何一家報紙報導中出現。第五百個死囚死了以後，亨茨維爾和美國其他地方一樣，日子又都回復正常，沒有人再去想德州行刑室裡頭發生的事。

如果你並不是為死刑工作，而是其中一個因為個人因素而期待死亡重返亨茨維爾的人，或是所愛的人正在排隊等待死亡，

或者，你就是那個被判死刑的人，

那麼，每一天都是在倒數計時。

根據「死刑排程表」，范恩．羅斯將是德州第五百零二位接受死刑的囚犯。他同意分享他在人世的最後一星期。

他想解釋，只剩七天可活，是什麼樣子。

＊原文沒有提及美國執行近四十次死刑是在什麼時期。但此書描述時間點是二〇一三年，美國在二〇一三年執行死刑次數是卅九次。

還剩七天
Seven Days Left

7/11

范恩．羅斯（編號 999429）

06：00　睡在床舖上
08：30　出去放風
09：15　與訪客（朋友）交談
09：45　進食，和朋友交談
11：30　和另一個犯人交談
14：50　睡覺
16：30　坐在地板上
19：30　淋浴
23：30　坐在床舖上

我因爲一項罪名而被處死，無辜入土。我知道我被處死，並不是十四年前我做過什麼，而是出於政治因素及社會體制裡的種族歧視。奧伯格（Ohrberg）太太，高貴的女士，對於妳過去這些年來承受的痛苦，我眞的很抱歉。希望我的死，多少讓妳感到平復。

格雷戈里・瑞斯諾佛（Gregory Resnover），
一九九四年十二月七日伏法

在我們會面以前，一長串鉅細靡遺的指示先傳到了我的電郵信箱。當然，會面時間是固定的，而且不得更改。不管任何情況，都絕對不可以遲到，否則我將不准入內。依據規定，服裝穿著也非常重要：不准穿短褲，長度及膝的褲子也不行，鞋子不能露出腳趾，不能穿背心式上衣或T恤，也不能是任何款式的魚網洞洞裝。嚴格禁止穿著任何透視材質的衣服，也不能露出腰部。男性只能穿長褲，女性可以穿洋裝、裙子或褲裝，但長度一定得蓋過膝蓋以下。上衣的圖案或文字如果被認為有挑釁意味，也禁止穿著。任何白色材質的衣服，都不在准許之列。

為了保險起見，我在攝氏三十二度的高溫下，穿著黑色襯衫、黑色外套、黑色長褲。在監獄大門口旁的停車場，我先向警衛秀出了我的身分證明，等我走進監獄的第一道門，我明白了為什麼會有前述的衣著規定。

「德州的囚犯穿白色囚服，一旦有任何狀況發生，才不致於有認錯人的風險。」警衛在檢查我的皮包時這樣告訴我，並且在我入內採訪時，暫時沒收我的皮包。

我笑著問他，我是不是看起來很像死刑犯；那名警衛看著我的表情，為那一天定了調：這裡可不是開玩笑的地方。

德州的艾倫．B．波蘭斯基（Allen B. Polunsky）監獄，看起來完全符合一般人對於死刑犯監獄的想像：寒冷、荒蕪、嚇人。波蘭斯基監獄一共有廿三個長方形的藍灰色混凝土建築物。它們分布在超過十三公頃的土地面積上，四周被牆壁和鋒利的鐵絲圍環繞。另外還有四個瞭望塔，不斷有人在上頭手持長矩離來福步槍坐著，凝視射程內每個人的一舉一動。塔上的衛兵獲得許可，在任何時間，只要有人跨進了從停車場到圍牆之間大約九公尺寬的草皮地帶，一律「格殺勿論」。

這座監獄以前叫做泰瑞爾監獄（Terrell Unit），當時是依據前德州刑事司法委員會主席查爾斯·泰瑞爾（Charles Terrell）的姓氏來命名。一九九九年，這座監獄開始收容死刑犯，泰瑞爾因此感到腿軟，要求監獄重新命名。後來，這座監獄改用另一位前德州刑事司法委員會主席艾倫·B·波蘭斯基的姓名來取名，波蘭斯基並不覺得自己的名字和死刑犯有關連會有什麼不妥。

波蘭斯基監獄，人們一聽到這名字往往會聯想到一個爛頭銜：「全美最差的監獄」。它位在利文斯頓（Livingston）西南方八公里處，當地有超過四分之一的成年人口（約六百多人）在監獄裡工作。根據最近一次的人口普查，利文斯頓總計有兩千零四十八戶人家，當地的黑人、白人和西班牙裔人口分布比例，與全美國人口分布狀況幾乎一模一樣。超過百分之七十的居民是白人，黑人佔百分之十五，西班牙裔人口則是剛過百分之十。但是，一旦跨入監獄圍牆，關在波蘭斯基監獄裡的三千名男性囚犯，他們的族裔分布在統計學上明顯呈現出來偏離現象。他們其中有一半是白人，黑人和西裔美人的比例超過一般人口分布的兩倍。

在美國，沒有任何其他地方像監獄那樣，存在著明顯的膚色和社會階層差異。粗略來看，監獄裡一半的犯人是半文盲，這表示他們的讀寫程度屬於中學生階段。我們大可以假設，在一九六〇年代人權運動發起前，是美國黑人處境最悲慘的時期；那個時候，私刑司空見慣、三K黨橫行、種族隔離法律是理所當然。但談到監獄人口，情況卻未必如此。

一九六五年到二〇〇〇年之間，美國監獄人口增加了六倍。在同一段時間，德州監獄人口則是成長了十二倍。這種現象可以解釋是因為審判更加嚴苛、更少人犯獲得假釋，以及美國積極打擊毒品犯罪，而美國將打擊毒品犯罪的焦點鎖定在比較貧窮的社區，這些社區往往都有黑人或西裔人口。

現在，美國白人男性入獄服刑的可能性，是一百零六分之一；西裔男性入獄的可能性則是卅六分之一。至於黑人男性，他們一輩子當中會去坐牢的可能性，則是十五分之一。

自從馬丁路德．金恩發表演說，闡述他的夢想，希望所有膚色兒童都能獲得平等對待，這五十年來，監獄裡白人囚犯翻升了八倍，黑人囚犯則是增加了十四倍。西班牙裔囚犯人數，和一九六〇年代金恩站在華府林肯紀念碑旁、向民眾發表演說的那個時候相比，足足增加了廿五倍。

時至今日，黑人和西裔美人成為階下囚的風險，似乎比當年三K黨政治勢力高張、公車貼著「只准白人乘坐」標語的那段時期，還要高得多。

今天我到波蘭斯基監獄，走訪那棟有兩百九十個牢房、被簡稱為「第十二棟」的兩層樓建築，裡頭住的都是死刑犯。即使在這裡，膚色差異顯而易見。

過去五年，美國有百分之六十的死刑犯是黑人。現在有兩百七十二名囚犯被關在波蘭斯基監獄的死囚區，等候執行死刑。其中，黑人有一百零六人，佔百分之卅九；白人有七十九人，佔百分之廿九；拉丁美洲裔有八十三人，佔百分之卅。另外還有四名男性被歸類為其他。但黑人僅佔美國總人口數百分之十五。

基本上，波蘭斯基監獄和全美國所有監獄一樣，幾乎人滿為患。美國或許像她的國歌歌詞描述的那樣，是個「自由的土地、勇者的家園」，但全世界也沒有其他國家，像美國那樣擅長將人民送進監獄、讓他們失去自由。在美國，每十萬居民中，就有七百一十六名囚犯；在瑞典，每十萬居民中的囚犯人數，只有五十七人。

美國人口只佔全球人口的百分之五，但美國的囚犯人數卻佔全球囚犯總人數的百分之廿五。平日，美國監獄裡的囚犯總計兩百四十萬人，把他們全都集合起來，可以組成美國第四大城，僅次於紐約、洛杉磯和芝加哥。

從美國公民的角度來看，如果不論膚色，每卅一個人就有一個人，可能會在他一生中的某段時間坐牢。這個統計數字，在全球任何其他地方都望塵莫及。而為了管理監獄，美國每年要花費兩千一百廿億美元，相當於一兆四千萬瑞典幣，幾乎是瑞典全年預算的兩倍；而瑞典的全年預算包括了醫療保險、教育、社會公益服務等開支。

我想，等我通過了安全檢查，很快就可以見到那些在統計學上看來很不幸的弟兄們。這時，有個女性把她的雙手擱在我的胸罩鋼圈上，用手指在我的乳房上繞圈圈，我向四周張望，試著把注意力放在別處。其實我剛才已經通過了金屬探測器，警鈴並沒有響。但說了也沒用。因為這樣的搜身檢查按規定非得進行不可。我的下腹部也要接受檢查，那雙手在我身上來回摸索，這種搜身方式，讓以前我在機場接受過的任何安全檢查，相形見絀。

我的包包先是被搜查過，也用X光儀器探測過，然後被收走、鎖了起來。我只能帶著紙、一枝筆和一個錄音機進去。安檢區的最後一站是一道綠色鐵門，門上有個醒目的紅色告示，上面寫著：我明白一旦進入此門，波蘭斯基監獄和在那裡工作的警衛無法負責我的生命安全；如果我被挾持成為人質，他們不會為了讓我活著出去，而對犯人做出任何讓步。

這項告示已經有十三年的歷史，是在一場人質事件發生之後，開始張貼。二〇〇〇年二月廿一日，一名五十七歲的女獄警，被兩名死刑犯彭查．威爾克森（Ponchai Wilkerson）和霍華．吉卓瑞（Goward Guidry）制伏，他們企圖藉著挾持那位女警，讓死刑犯的生活條件問題受到外界關注。威爾克森和吉卓瑞要求和幾個人權組織領袖會面。當晚，有三個男人到死刑犯監獄，與典獄長討論了囚犯的權利問題。這個事件持續了十三個小時，那名女警後來平安獲釋。之後，監獄的狀況有了起碼的改善。彭查．威爾克森在三個星期後，依照排程，在二〇〇〇年三月十四日被處決。他的犯罪同夥霍華．吉卓瑞，現在仍在監獄裡等待死刑。此文書寫時，他的行刑日期還沒有敲定。

時候到了。我點頭表示自己明白告示上的警語，接著，第一道被鎖上的門被打開來，金屬聲鏘鏘作響。我踏了進去，在兩名武裝男子伴隨下，接受了這個事實：從這裡開始，不管發生什麼事都不再是德州政府的責任。然後，我經過了另一道牆、兩座高大的鐵絲圍欄、六座帶刺的鐵絲圍籬、三道電動門、幾個走廊，還經過了九個身穿防彈背心的武裝人員，這才進到一個寬敞的會客室。會客室幾乎是空蕩蕩的，裡頭只有一個人。

他坐在那兒。為了和這個四十一歲的男人會面，我飛越大西洋。

這個人即將死去。

他坐在防彈窗戶另一頭的牢籠裡，拿起電話問好。

「我的名字是范恩．羅斯，很高興見到妳。」

圍繞在他四周的安全措施，讓我有點吃驚，他看到了我的表情。兩名身穿防彈背心的警衛站在他後方幾步的距離；一名武裝男子站在我身後三步遠的地方。在他們退開來、留給我們一個私下交談的假象之前，想要確保每件事都在掌控之中。

「這有點誇張，」他邊說邊笑，「我是說，我能把妳怎麼樣？」

這問題彷彿懸在半空中，頓時一片寂靜。我們什麼都沒說，但我們都知道我直覺上想到了什麼：

你可以殺掉我。

畢竟，范恩．羅斯這個人，被判定犯下了兩起殺人罪。但，那是他人生故事的最後一個章節。將近四十二年前，他在聖路易斯市（Saint Louis）的一家醫院裡誕生，那是他人生的開始。

＊＊＊

提到一九七一年九月四日星期六，大多數美國人想到的會是那場墜機事件。那天上午，阿拉斯加航空編號一八六六班機，墜毀在阿拉斯加州朱諾市（Juneau）郊外的一座山上，機上一百一十一人全數罹難，那是美國歷史最慘重的一次飛航災難。

當聖路易斯市的人都在聆聽收音機報導墜機事件的最新發展時，有個女人想的完全是另一件事：她全心全意地生下她唯一的兒子，范恩．羅斯。

這個男孩一出生就染上肺炎，但很快就康復了。他的父母親關係卻並非如此。他們在他出生後沒多久就分開了。他有一個比他大一歲的同母異父姊姊；他一歲大的時候，母親和另一名男子生下了他的妹妹；等到他六歲大時，媽媽又生了另一個女兒。四個小孩、四個爸爸，而范恩．羅斯和他姊妹最大的不同是，她們在成長過程中，全都跟各自的父親有固定聯繫，只有范恩．羅斯的爸爸，一直和他保持距離；等他八歲大時，父親就從他的人生中整個消失了。多年以後，他的姊姊寫了封信給法庭，信中提出了她認為這件事對她弟弟造成的影響。

范恩．羅斯上的是公立學校，他在學校踢足球、參加田徑隊，其他時間則是當童子軍。范恩．羅斯一家在他青少年時期之前，一直住在聖路易斯市中心，後來他們搬到一個以白人為主的郊區，他在那裡唸的是一所綜合學校，校內學生有黑人也有白人。

他們家沒有武器，根據他媽媽的說法，他也不知道如何使用槍枝。在他離家上大學以前，范恩．羅斯每週都會和他母親去教會三、四次。

當他母親回想兒子從那時開始交往的朋友，照她的話形容是：「他們那群人當中有黑人，也有白人，但他們全部都是好孩子。」

范恩．羅斯本來沒有前科，他努力唸書，也沒有和任何幫派有關連。他十六歲的時候，找到了一個在鄉村俱樂部打工的工作；高中畢業後，他進入中央密蘇里州立學院，拿到了大學學歷，之後在好幾個建築事務所工作。一九九七年七月，他突然被控拿刀刺傷女友，還偷了她的車，因此被捕。

和大多數刑事案件一樣，大家都是各說各話。范恩．羅斯承認他有拿刀子攻擊人，也的確偷了車，但他聲稱這些都是出於自衛。他在偵訊筆錄中供稱，他的女友攻擊他。他說是她拿了刀子來找他，為求自保，他把刀子從她手裡搶過來，刺了她，再開了她的車逃跑。他還表示，他的女友有暴力前科，刺傷過她的一名前男友、開車輾過另一名前男友，還意外射殺了第三個前男友，那人後來傷重死亡。

另一方面，這名女友則是聲稱，范恩．羅斯無端攻擊她，還威脅要殺死她。她的右手臂有刀傷、左大腿有好幾處傷口，身上有九處割傷，身體其他部位還有三處較深的刀傷，脖子也有一道表皮劃得很深的傷口。

初犯范恩．羅斯被判三年緩刑，並且要接受憤怒情緒管理治療。在這項判決之後，他搬到距離聖路易斯市一千一百六十公里遠的德州拉伯克，在德州科技大學唸建築研究所。他想開始新生活。

那的確是新生活，卻不是他原先計劃的那種。他並沒有走上建築師這條路，反而在二〇〇一年二月的一個清晨遭到逮捕，涉嫌捲入一樁雙屍命案。刑案現場鑑識員衛斯理．席爾茲認定范恩．羅斯有罪，而且不只是他，二〇〇二年九月廿三日，陪審團只花了一小時又十四分鐘，就判定時年卌一歲的范恩．羅斯犯了一級謀殺罪，指他殺害了道格拉斯．伯索爾和薇歐拉．麥克維德。在陪審團做出妥當的懲處決定之前，范恩．羅斯的母親獲准發表聲明。她在拉伯克法庭證人席一坐定，就怒罵起來。

「我坐在這裡，是要告訴這裡的每個人，我覺得你們完全沒有善盡職責。你們沒有公平對待我、我的家人和我兒子。」她批評陪審團沒有考量其他的說法。

「我認為你們打從一開始就對他有成見。你們看到范恩．羅斯坐在那裡，看到他膚色漆黑如夜，覺得那樣就可以斷定了；打從那個時候，你們就有了決定。你們沒有想過你們對我家人正在做什麼。我為伯索爾的家人、也為麥克維德的家人感到難過，但是你們連一秒鐘也不相信我兒子是清白的。你們不去考量你們的『有罪』裁奪，對他的人生或是對我們家意味著什麼。如果我聽起來很生氣，是因為我的確很生氣。我不認為你們給過他機會；你們從一開始就已經對他判刑了。」

在她當庭說完話之後，陪審團進到房間裡，考慮判決結果。

在德州，要做出死刑裁決，一定要先回答三個問題。這起凶殺案是否為預謀？犯罪嫌疑人是否很可能又會犯下另一樁凶案？有沒有任何可以減輕罪責的情況？在不到兩小時的考量以後，陪審團對這三項問題的答案是：是的、是的、沒有。所以，他們有權判處范恩．羅斯極刑。二〇〇二年九月廿四日，范恩．羅斯被判犯下兩條殺人罪的次日，他所受到的懲罰就確定為死刑。

七天後，他被送到距離拉伯克郡監獄八百多公里遠的波蘭斯基監獄死囚區。

在我們面對面坐著的這個時候，他已經在這裡待了三千九百卅六天。

十年九個月又十天。對死刑犯來說，等這麼久，算是正常的。從安置到處決，通常要花十年的時間，以免遺漏或忽略任何申訴。

范恩．羅斯還有七天可活。

然後一切就結束了。

***

「我怎麼準備讓自己去死？」

他對我提出的問題笑了出來。

「我不太知道一個人應該如何為死亡做準備。待在這裡，死亡，就是我們日常生活的一部分；是非得接受不可的一件事。你可以一邊活著，一邊否認地想，『不會啦，那不會發生在我身上』。但我看過很多人抱持著那種想法很多年，最後死亡真的到來了，他們才會意過來，而那對他們的影響是非同小可。」

在我先入為主的觀念裡，死刑犯一定都很飽經滄桑，外表看起來比實際年齡老，但是我一見到范恩．羅斯，這想法卻站不住腳。他臉上完全沒有皺紋，氣色很好，雙眼清澈明亮，笑容可掬；看起來更像是他廿九歲犯下謀殺案的那個年紀，不像是今天實際上的四十一歲。我當下沒有多想，但事實上，我很快就會寫下一篇文章描述范恩．羅斯「長得很好看」，然後，就在那篇文章送出後的幾小時內，會有大量的電子郵件湧入，用各種想像得到的字眼，罵我應該被凌虐強暴，因為我「想放他出來」，所以大家要我「得到報應」。但就像我剛才說的，當下，我沒有想到之後會發生什麼事。我坐在監獄死囚區的一個房間裡，四周圍繞著持槍男子，我和一個被判犯下兩起謀殺罪、只剩七天可活的男子在一起。而這一刻，我的確覺得很愉快。

我問他是否認罪，他說他不認。死囚區裡的人犯很少有人承認自己有罪。我告訴他，我入境美國時，在我護照上蓋章的移民局官員對於我這次來訪的目的很感興趣，特別和我討論了一番；那位官員相信，死刑可以嚇阻人們犯下某種犯罪行。范恩．羅斯並不同意這種說法。

「我完全不認為死刑有任何威懾作用。」他說。

「如果處決一個人可以遏止其他人殺人，早在第一次執行死刑以後，就不該再有任何殺人案發生了。事實證明，死刑不具有威懾作用。我們有死刑這樣的懲罰，新的殺人案卻還是天天發生。」

他說，謀殺是最不可能重複發生的罪行。小偷會再去偷東西，虐待他人的會繼續打人，但殺人者很少會再犯第二次。

「很少人是連續殺人犯。光是這件事就足以說明，死刑是不必要的。」

死刑到底有沒有嚇阻作用，是美國法律體系內少數幾個曾經被詳盡討論與辯論過的議題。《刑法與犯罪期刊》在二〇一三年發表了一項向全國頂尖犯罪學家進行的調查結果。其中百分之八十八的受訪專家回答說：死刑並沒有威懾效果。百分之八十七、幾乎是相同比例的受訪者表示，如果目前允許死刑制度的各州廢止死刑，殺人的數字並不會因此攀升。

全美國五十州，目前有卅二個州可以判處死刑。其他十八個沒有死刑的州，謀殺案發生比例都比有死刑的州來得低，只有密西根州例外。如果比較有死刑的州和沒有死刑的州，有死刑的州每十萬居民的謀殺率都比較高。從一九九一年開始，每年都有這樣的比較，情況就一直是如此。謀殺案總數最高的州，分別是路易斯安那州、密蘇里州和阿拉巴馬州，而這三個州都執行此項最嚴厲的法律懲處。

從整體來看的話，美國每三百四十五起謀殺案，有一起會被判以死刑。從統計學的角度來看，與其他可能導致一個人死亡的事情相比，因犯下謀殺罪而死亡的機率，相對來說，其實很小。美國國家安全委員會每年都會發表人們因為各種原因死亡的風險列表。根據二〇一四年的列表，美國公民因為心臟疾病或癌症死亡的風險是七分之一，車禍死亡的風險是一百一十二分之一，意外中毒死亡的風險是一百一十九分之一，因為跌倒而死亡的風險是一百五十二分之一。而如果你犯下謀殺罪（當然只有極其少數的人會這麼做），被處決的風險是三百四十五分之一。范恩·羅斯就是運氣比較背的其中一人。

「就算我不是坐在這裡，我也不相信死刑。」他邊說邊笑。

「這裡有些傢伙認為，死刑是好事，只要不是他們自己被處死就好了。但我不認為政府應該有這種殺人的權力。政府保護公民是一回事，這事大多數的國家都沒有做到，但政府去殺死公民，又完全是另一回事。政府不能賦予生命，他們生不出你來，但他們卻想要有權力奪走你的生命。生命是不可挽回的；你沒有辦法把它要回來。所以，不，我不相信死刑。」

我問這名只剩七天可活的男子，相不相信他的死刑會被執行。

「這很難說。我看過很多人走向死亡。有些案子你以為應該不會真的執行死刑，你以為他們的律師會想辦法爭取到延期，但最後還是執行了。我的律師告訴我，我的死刑不會發生，但他也不能保證。我只能拭目以待。」

二〇一三年二月八日，范恩．羅斯被叫去典獄長辦公室。對犯人來說，被找去那裡，會聽到的消息不是最好，就是最壞。這回的結果是後者。范恩．羅斯形容他是怎樣從自己的小牢房，繫著腳鐐手銬，被帶到那個大辦公室，完全不知道會發生什麼事。

「我一走進他的房間，他就直截了當告訴我，『你的日期訂了，七月十八號』。我太驚訝了，因為不管是我的律師還是任何別人，事先都沒有給我任何暗示，我甚至連這件事有在進行都不知道。我的一個上訴案二月五日才被駁回，三天之後，他們就訂下了行刑日期。我知道我當時腦子裡想的是：『哇，他們還真不浪費時間。』」

在知道自己只剩五個月又十天可活後，范恩．羅斯被送回了牢房。他坐在自己的床上，寫了一封信給他媽媽，讓她知道行刑日期已定。她後來告訴他，當她接到信，打開來讀時，頓時僵在那兒，動彈不得。

「接著，她先打電話給我姊姊，再打電話給我的妹妹們。然後她們都全部開車到監獄來看我。」

就算是在死囚區那樣的煉獄，也是有分級的。犯人的死刑日期敲定之後，就要搬去一個特別的牢區：A區，在那裡接受所謂的「死囚監管」。這個新牢房會有二十四小時錄影監控，獄警每隔十五分鐘會探看裡面的人犯。這是考慮到在死囚區，死刑犯愈靠近自己的行刑日期，選擇自殺的風險愈高。

范恩・羅斯笑著評論說，看到獄警如此小心翼翼，以確保犯人「活著接受死刑」，實在有點好笑。然後他又笑了開來，搖搖頭。我已經數不清他笑了多少次了，他很愛笑，是那種有禮貌又小心節制的笑，不是歇斯底里、嗑了藥或嘰嘰咯咯笑個不停的那種笑。他都是先想過了才回答問題，思維敏捷，而且很開心。

後來我在聆聽全部的對話錄音時，只要他每笑一次就做個記號。九十分鐘的錄音結束，我的筆記本裡總共記了八十四次記號。在訪問過程中，我向他提過一次他很愛笑，那個時候，他又笑了起來。

「我很高興回答這些問題。妳要了解，我現在是和妳坐在這兒，我是在和另一個活生生的人互動，不是在我的牢房裡，這點讓我很開心。我們這些待在死囚區的人沒有太多共同點，但有一件事我打包票，一定適用這裡所有的人：每當我們可以離開牢房和另一個人會面、談話，都會變得很興奮。如果沒有這些，我們就一直處在孤立的狀態下。我知道，只要我一回到牢房，聽到背後上鎖的聲音，那些腦內啡就會消失無踪。但現在的我很開心。」

他描述了死囚區每天的日常作息。犯人在半夜兩點半到四點半之間被叫醒，那個時候，早餐會從牢房門上的一個小遞送口送進來。

幾乎每天都是吃鬆餅。他現在很討厭鬆餅。

這麼早吃早餐的原因是，獄警都是在上午五點半換班，所以一定要在換班以前完成送餐和進食。

「早餐過後，可能的話，我會試著再睡一下，但多半我是聽廣播裡的新聞或音樂，也可能看看書。有時候，我會試著寫完一封信，以便在郵件送來的時候，把信寄出去。」

午餐時間是在上午十點，晚餐則是在下午五點左右。所有餐食都在牢房裡面吃，透過門上的小遞送口送進來。

「我恐怕沒辦法說它們是美食，但通常還可以吃啦。」

晚上十點半是睡覺時間。犯人一定得上床就寢，四個小時之後再被叫起來吃早餐。

「大致就是如此。聽音樂、聽新聞、寫信、吃飯、看書、睡覺。我的人生非常單調。」

范恩．羅斯和其他兩百七十一名死囚犯所住的艾倫．B．波蘭斯基監獄牢房，基本上空無長物，沒有什麼好話可以形容。德州的死囚區是全美國唯一一個不准人犯有電視看的監獄。每個牢房面積五平方公尺。地板是水泥地，有些地方沾到了天才曉得是什麼東西的斑痕。牢房牆壁漆成白色，但那白色已經剝落，好些幾處完全掉色。在大約兩公尺半高的地方，有個打不破的小玻璃窗戶。

這扇寬約一．二公尺、長度十公分的窗戶，是牢房裡唯一可以讓戶外光線照進來的地方。范恩．羅斯告訴我，如果他站在床上，踮起腳尖往上看，有時候可以瞥見一隙天空。

床鋪寬約七十一公分，上頭鋪著薄薄的淺藍色塑膠床墊。床的下方有三個用來儲物的箱子。在床旁邊的牆上，有一個窄窄的淺藍色架子，可以充當桌子用，但牢房裡不准有椅子。你得坐在床上，靠過去使用桌子。另外還有一個小架子牢牢地固定在那個壁桌上，空間足夠放幾本書。離床一個手臂遠的地方，有一個鋼製馬桶，是沒有馬桶坐墊的那種。

白色的牢房門，有兩個覆蓋了黑色鋼鐵柵欄的大窗戶，下方是一個食物遞送口。犯人離開牢房之前，必須先背靠著門跪下來，把手臂伸出遞送口，好銬上手銬。這讓很多年紀大的犯人幾乎沒辦法離開牢房，因為許多人長時間被關在監獄之後，都患有風濕性關節炎。

死刑犯待在牢房裡的時間非常久，他們是每天至少隔離廿二小時的單獨監禁囚犯。但死刑犯每週還是有五天可以獲准待在一個「日室」兩小時，那是另一個比較大一點的室內監牢。犯人並不知道自己一天當中什麼時候可以獲准待在日室裡，那得由獄警來決定；而且基於安全理由，時間並不固定。日室位在監獄建築中央，每個犯人都可以從自己牢房門上的那兩扇窗戶，看到日室。

獄方其實不准許人犯與其他囚犯互動，但是人犯待在日室的那兩個小時，他可以和自己隔壁牢房以外的囚犯說話。死囚區還有戶外監牢，但是在德州很少使用。有些執行死刑的州，像是康乃狄克州、俄亥俄州、田納西州，在天氣許可的前提下，准許死刑犯每週有五天可以待在戶外監牢一個小時。

范恩．羅斯大部分的時間都是坐在他牢房裡的床上，一動也不動地低頭看著紙張，不是看信，就是看書。他剛剛看完一本從監獄圖書館借來的書，那本書是一位英國女性寫信推薦給他看的，書名叫做《薇若妮卡想不開》，作者是保羅．科爾賀（Paolo Coelho）；書的內容是關於一名女子，試圖靠著服藥過量來結束自己的生命，結果她從醫院醒來，發現自己並沒有自殺成功，但是身體因為她吞了不同的藥物而損壞，只剩下卅天可活；整本書就是在描述她接下來那個月的日子。

「那本書很好看，我很喜歡。」范恩．羅斯說。他還提到自己以前讀過同一個作者寫的另一本書：《牧羊少年奇幻之旅》，他也很喜歡。

我告訴他，科爾賀的書，我最喜歡的是他第三本書《魔鬼與普里姆小姐》。那本小說描寫魔鬼造訪一個名叫維斯科斯的偏僻小鎮，把一個寶物藏在山區某處。他帶著村裡的餐館女侍普里姆小姐去藏寶處，證明那裡的確有寶藏，還告訴她，村民可以共享財富，只是有個附帶條件——大家必須在七天之內從村子裡選一個人出來，把這個人殺掉。這本小說其實是《聖經》約伯記的簡易版，寫的是人類與魔鬼的對抗，包括對抗人性本身的罪惡。我告訴范恩．羅斯這點的時候，他微笑著點頭好幾次。

「啊，那本書我聽過。我很想讀一讀。」

但他直起身來，改變了用語時態。

「我希望可以讀一讀，但我現在沒有時間了。」

他沈默片刻。

「監獄圖書館把書送到我這裡，至少要一個禮拜。」

至少要一個禮拜，至少要七天。他完全明白七天之內會發生什麼事。房間裡沒有時鐘，但感覺好像時間一直都在滴答作響，秒針的每一次移動，急切又響亮。這個房間裡的這名男子，時間即將用罄；時間，或者應該說時間不夠這件事，從不曾這麼直白過。

「我做好心理準備了，有點慢，但我做好了。畢竟，我被送到這裡來的理由，就是德州政府要把我給殺了。這件事我非得面對不可。我不想讓他們殺掉我，但我也必須務實一點，做好最壞的打算，而不是一心期待最好的結果。」

依據法律規定，德州州政府處決人犯時，允許最多五個人在現場觀看。觀刑者有自己觀看行刑的房間，那房間位在死刑犯躺下來受死的床邊。我問范恩·羅斯，他會不會把觀刑者的位置留給自己的母親和三個姊妹。他搖頭說，如果那個時候到了，他不准她們在場。

「我不要任何人看著我被殺。我在他們心中留下的最後印象，不應該是我被綁起來躺在床上。那幅景象會跟隨她們一輩子的。我不能讓我媽承受那樣的遭遇，她和我的姊妹會到監獄來看我最後一次，但我不准她們去行刑的那個房間。」

我問他，對於監獄外頭的生活，他最想念的是什麼？他又笑了，搖了搖頭。

他說，「太多了。」但他還是說了幾項。

「我想念人與人之間的互動。和某個人握手、擁抱某個人、親吻某個人的臉頰或嘴唇，不論什麼都好。那些人們每天都在做的小事情，大家認為理所當然的事。」

皮膚碰觸皮膚的感覺，現在對他來說是很遙遠的事。全美國有十個州允許死刑犯和他們的家人有身體接觸。但德州並不在其中。坐在這個玻璃窗牢籠裡的這名男子，已經有超過十年以上沒有碰觸過另一個人。

「我不能說這是折磨，因為並不真的算是，但感覺還是很怪。碰觸別人是大家一直都很習慣的事，你和他人碰觸的時候，不會特別去想這其實是自己一直在做的事情。」

他還說，他想念味道；好的味道。監獄裡頭很少有香味，如果有的話，也比較像是一種氣味。他告訴我，以前有個護士到監獄來，身上擦了一種特別的香水。輪到他接受她檢查時，他聞到了那股香味，立刻感覺時光倒流，讓他想到以前也擦同一種香水的一名女友。只消一秒鐘，他就沈浸在自己和昔日甜心當年在聖路易斯共度的時光裡。那回憶幾乎吞噬了他。他對那名護士說，他知道她擦的香水是什麼牌子，那是「維多利亞的秘密」內衣連鎖品牌的一種花香水。他說，那名護士非常吃驚他知道那款香水的名字、而且還出現那麼強烈的感受。即使那位護士離開很久了，他腦子裡仍然滿是那些壓抑的記憶，它們一股腦全跑出來，有那麼一瞬間，就像是身體裡頭原本死掉的神經，又再度復活了。他描述自己當時有多麼喜愛那股在他牢房裡飄散的香味，他把那味道當成是自己借來短暫擁有的一件珍寶。

「我想念的就是那一類的事。妳想過水果和蔬菜聞起來有多香嗎？我們這裡從來都吃不到蔬菜水果。我真想念蘋果的味道。」

如果那香水味曾帶給他短暫的亢奮，那麼監獄裡的日常生活就更足以讓他保持清醒。他說，德州死刑監獄裡的每個囚犯，都很像是〈越過死亡線〉這部電影名稱 Dead Man Walking 的字面意思：行屍走肉。兩百七十二個活死人，都在等待那一件真實的事情發生。

「死刑監獄會毀掉你，緩慢而必然。我自己就看過它毀掉了很多人。囚犯到這裡來的時候看起來心智都還好，但在這兒住了幾年以後，原本的那個人類就這樣消失了。到了某個點上，原來那個人會變得完全認不出來。」

范恩．羅斯說，即將在一個星期之內被處決的那個男人，和將近十一年前被帶到這裡來的卅一歲的那個人，是有點像。但同時，前後的差別其實是非常大的。

「如果不是經歷了這樣的事，你不會有這麼徹底的改變。我現在真的不信任任何人了。當初，我就是因為相信了錯的人，才會落到今天這個地步。」

我問他是不是後悔些什麼。他想了一想，開口準備回答，卻又閉上了嘴。他再多想了一下，才又開口說話。

「我後悔和那個人約會。我知道她和她妹妹靠什麼過活，也知道她們幹什麼勾當，但我還是留了下來。我女朋友麗莎對警方扯謊，說我恐嚇她妹妹，我從來沒有做過那種事。警察道格．普克特問我的時候，我告訴他，我們有爭吵，那是事實，但我從來沒有說我恐嚇薇歐拉。後來，道格．普克特做了我的筆錄，不管青紅皂白地記了一行文字說我如何恐嚇她。我要他把那一行拿掉，不然我就不簽字。他就走到電腦那裡。瞎弄了一番，列印出一張新的紙。我整個看過以後，發現他只是把那個句子換到另一個地方去，想要唬弄我。我指出來給他看，他把我的證詞重寫第三遍，那行字才真的被刪掉了。那個時候，我意識到，沒有人會相信我。」

我們接下來談到了他認為這起控訴他的謀殺案最大的瑕疵是什麼。他的目光凝重起來，情緒高昂起來，更想強調些什麼。他的聲音變得緊繃，在這之前，他說話不疾不徐，現在一口氣連珠砲似地加速傾吐。

「他們聲稱我的毛衣上有血跡。事實上，那是我在警方第二次偵訊的時候，告訴他們我在案發當晚穿的是什麼衣服。我說，他們可以去搜我住的公寓和我的車子，不過我要求他們進行搜查的時候，我必須在場。我們一起開車去我住的公寓，但是正當我們準備進屋時，他們告訴我說先得幫公寓拍照。我的公寓很小，只有一房一廳。於是，他們就把門關起來，在裡頭待了超過一個小時。怎麼可能要花一個小時呢？等他們終於把門打開，我看到他們在裡面已經動過了什麼東西。」

范恩．羅斯很快吸了一口氣，然後繼續說。他很激動。

「我有點懷疑，但畢竟我的公寓裡沒有什麼東西好藏的，所以我就讓他們去搜。我秀給他們看我那天穿過的衣服，那衣服上不可能有什麼像他們後來堅稱的ＤＮＡ。他們後來拿走了那件毛衣，道格．普克特還把我的衣服留在他的辦公室裡好幾天，然後才把衣服拿去實驗室化驗。為什麼呢？很怪啊。」

他又吸了另一口氣，說他在自己的腦海裡把這些事演練過上百萬遍，他就是沒有辦法不一遍又一遍地去想。情況有點像是比爾·莫瑞（Bill Murray）主演的那部電影〈今天暫時停止〉（Groundhog Day），只不過，范恩·羅斯的故事永遠結束在他現在坐的這個地方，而且一週內即將死亡。他說他很沮喪，不明白為什麼道格拉斯·伯索爾和薇歐拉·麥克維德會在二〇〇一年一月卅日那天出現在他家附近的巷子裡，但不管原因是什麼，他沒有和他們在一塊兒。

「說實在的，就像我剛才說的，我知道這一家人涉及一大堆事情。麗莎說她妹妹薇歐拉是個妓女，我問麗莎她自己也是嗎？她說她不是，但她當過脫衣舞孃。我所知道的是：道格拉斯·伯索爾出門召妓，結果找上了薇歐拉。那天晚上有很多事情我並不清楚。那些事情包括：誰殺了他們？」

我們換了話題，他的思路很清晰。他告訴我他的個人背景，形容自己是個擁有夢想的學生，從另外一個州搬來德州唸建築，有目標也有企圖心，最後卻進了死囚監獄。

「這真的不是我原先規劃的人生。」他接著補充，不管怎麼說，他都認為生命是寶貴的，他想活下去。

自從恢復死刑以後，德州死囚監獄已有十二個人自殺喪命，他們大多是用牢房裡的床單上吊或服藥自殺；試圖自殺的人更多。但即使范恩．羅斯活著的日子屈指可數，他仍然表示，他無論如何也不會加入自殺者的行列，成為那可怕統計數字裡的第十三個人。

「他們把我們移入『死囚監管』區，好讓我們沒辦法自殺。但是，我真的想活下去。在我被判處死刑、還沒有被帶到這裡之前，我在拉伯克時，他們就想把我和其他人隔離開來。他們以為我會崩潰、想自我了結，但我告訴他們，『我才不想自殺，是你們想殺我！』所以，他們讓我待在普通監牢和其他囚犯在一起。後來我才被帶來這裡。一直到那個時候，我才開始想說『嘿！慢點！這是什麼地方啊？』」

在波蘭斯基監獄，不是只有囚犯受到這裡嚴苛環境影響。他說，最讓他驚訝的是那些看守死囚區的獄警。性格不同的犯人，進了重重大門深鎖的監獄以後，會慢慢發展出相同的人格特質：不信任、狡詐、冷漠、殘酷。同樣的情況，也發生在那些獄警的身上。

他告訴我，那些人剛開始在監獄工作時，外表看來還有人性，會很想改變情況，提供協助，但是在這孤絕冷酷、「敵我」分明的環境下度過那麼多小時，就連在監獄工作的人也大受影響。一名警衛打從踏入監獄開始工作的第一天起，就會被告誡說，一定要和「肇事者」保持適當距離，也不能和他們有任何關連。絕對不可以對人犯失去戒心；因為犯人會抓住任何機會，進行攻擊。

范恩．羅斯告訴我，身處在這水泥圍牆裡的每一個人，都演變出同樣的多疑態度，以牙還牙，硬碰硬。

「我不明白的是，對他們來說，這怎麼可能就只是一份工作？這等於是在共謀取走另一個人的生命，他們怎麼能夠接受？有些警衛會告訴我說，他們並不支持死刑，但他們還是在這裡工作，還是照規矩辦事，參與整個過程。如果他們不支持德州政府殺我們，為什麼每天來這裡工作，參與這場遊戲？」

他跟我說，某些警衛有時候會摘下他們的面具，看著他感觸地說，他們覺得即將在一週內發生的事情很讓人難過。他通常會用這句話來回應他們：「支持生命的人很少會去找墮胎診所的工作。」

「這道理其實是一樣的。我實在搞不懂他們。我們被當成畜牲一樣對待；每次要移動的時候，就必須脫個精光、銬上手銬。我必須伸出舌頭，顯示我沒有在嘴裡藏任何東西；我必須彎下身體、甩動我的頭，顯示我沒有在頭髮裡藏任何東西，就算我剃光頭也一樣。他們還檢查我有沒有在耳朵後面藏東西。每次我離開牢房的時候，他們還會檢查我最私密的部位，那幾乎不可能讓你覺得自己像個人類。就算是現在，我坐在一個牢籠裡，跟妳隔著一道玻璃窗說話，根本不可能和妳有任何肢體上的接觸，但我還是得先接受這整套程序檢查。這真是太瘋狂了。」

范恩．羅斯的家人，他的母親、三個姊妹和她們的兒女，仍然住在密蘇里的聖路易斯市，那裡距離此監獄一千一百六十公里，這代表，不常有訪客來探望他。如果他們住得近一點，他可能會被准許每週見他們一次，每個月總計八小時；探視條件和我這次幾乎完全相同。隔著玻璃窗，不能有肢體接觸。不過，會客室的角落有三台自動販賣機，親友可以去那裡買點心給犯人吃。自動販賣機的物品供應很有限，一塊巧克力、洋芋片或一罐可口可樂，就只有這些。獄警會把訪客買來的食品帶進去給犯人，這樣訪客和犯人就可以同時吃點心。

但今天在玻璃窗另一端的范恩．羅斯面前，什麼也沒有，因為根據探視規定，記者不准提供任何東西給犯人。儘管我來和范恩．羅斯訪談，根本不可能被解釋成賄賂。我瞥了一眼自動販賣機，突然覺得很慚愧，因為他的肛門必須在這次訪問前和訪問後遭到檢查，而他經歷這些麻煩程序，卻連一小包洋芋片都吃不到。我大聲說出了自己的想法，他又笑了。他告訴我，人數不多的訪客，是他的生命線。

和其他許多死囚一樣，范恩．羅斯有幾個筆友。其中一個推薦他看保羅．科爾賀小說的那位英國女士，幾個星期前才剛剛從大西洋彼岸來探視他，和他道別。他說，知道她為了自己長途飛行過來，感覺很酷。

「我們彼此寫信給對方已經有五年了。她在二〇〇九年的時候來過，我的死期確定了以後，她又再飛來一次。我想，對於行刑日期敲定，她比我還要震驚。」

這名女性在大學裡讀的是人權，寫過一篇論文，內容是關於辯護律師的能力如何影響犯人被判死刑的可能性。她因此走訪過好幾個美國南部和墨西哥北部的監獄，去訪問犯人，其中一位就是范恩．羅斯，之後他們就一直保持聯繫，成了朋友。他告訴我，隨著他的死期逐漸接近，那位女士的來信也愈來愈頻繁。

「她現在每天寫信給我。有時候信很短，大多是『嗨，都好嗎？』之類的。我告訴她不必這麼常寫來，但是知道世界上有人那麼關心你，真的感覺很好。那不是你在這個地方會習以為常的事。」

她有雙漂亮的藍色眼睛，所以他稱她為「藍莓馬芬」。他說，當必須道別的那一刻，她開始啜泣。

「她情緒崩潰。我說，『不，不要哭。拜託，不要哭。不管發生什麼事，都會沒事的』。當時的情景真令人難過，時間到的時候，她不想離開，我也不想要她走。但你無能為力。她說過好幾次，她感覺好怪，和我這麼靠近坐著，卻一直不能觸碰到我；她說她不能握住我的手，覺得很難過。」

在他被定罪以前，范恩．羅斯有一個機會：如果他願意承認犯行，會是被判終身監禁。但他拒絕了。他說，這個決定，即使到今天，只剩一週可活，他都不感到後悔。

「看看我現在這個地方，看看我過的是什麼日子。被監禁成這個樣子，毫無人生可言。我存在，但我不是真的活著。我不想死，但我也不想一直這樣活下去。」

他說他不相信有天堂或地獄。

「如果我在今天之後的第七天被處決了，就是下個新階段的開始，不管那到底是什麼。我相信靈魂永生。有些人到了這裡以後，宗教信仰變得虔誠起來，有些人則不會。我個人認為，宗教是人發明的，我不需要它。」

靈魂會往何處去，他並不擔心。但他的軀體會去哪裡，他則想了很多。那也是唯一一件他對他家人明確說清楚的事；那就是，他要回家。他甚至記不清，他告訴自己母親多少次，不要把他的遺體留在德州。

「我不在乎到時候那會怎麼處理，不管是火化或什麼的，但就是不能把我留在這裡。我應該不必告訴妳我對這個州沒有什麼好感吧？我要回去聖路易斯，我要和我的家人、我的朋友在一起。」

他的家人很快就會來到這裡。他獲准在未來這一週與他們會面，但一次只能見兩個人。他沒有多想到時候要說些什麼，但他相信自己想要告訴他們的話，絕大部分都已經講過了。當我問他，最後要和他母親說什麼話，范恩·羅斯想了很久。

「噢，我不知道。我相信你沒有辦法為那樣的時刻做好什麼準備。在那一刻，你只能在當下感受。我想告訴她我愛她，我希望她一定要堅強起來，我要她和我的姊妹繼續好好過日子，過她們的人生。我想告訴她們不要被這件事情給擊倒。我明白，過去發生的這一切對我媽影響非常大，她一直因為這件事痛苦不已。」

他問我，瑞典有沒有死刑？我告訴他，從一六〇〇年代初到一八〇〇年代初期的那兩百年，嚴重罪行最常見的懲處就是判死刑，包括褻瀆神明、行使巫術、亂倫和說國王壞話等等。但後來，他們在一八四〇年左右設立了監獄，從那個時候開始，坐牢被認為比判死刑好。

我還告訴他，瑞典上一次執行死刑是在一個世紀以前，時間是一九一〇年十一月廿三日，地點在斯特哥爾摩的蘭格島（Långeholm）監獄大院，那是瑞典第一次、也是最後一次使用斷頭台。那斷頭台是從法國買來的，當時瑞典的海關對於這項採購非常不高興，當局不得不宣稱那刀片是「農具」，才得以進口。但是在那次以後，就再也沒有執行過死刑了。後來，瑞典在一九二一年六月三日，宣布禁止在和平時期執行死刑，到了一九七三年，更進一步禁止在戰爭期間處決平民。

我和范恩．羅斯現在還面對面坐著，不過，德州政府在三個星期之前處決了死刑犯金柏麗．麥卡錫；而瑞典行刑者安德斯．古斯塔夫．達門（Anders Gustaf Dalman）拉動繩索、啟動斷頭台、割下殺人竊賊阿佛列德．安德斯（Alfred Anders）的頭顱，距離今天卻已經有一百〇三年了。

但我告訴范恩．羅斯，即便如此，有四分之一的瑞典人忍不住懷疑，以前那樣是不是比較好。由瑞典FSI社區資訊研究調查機構進行的一項可靠的統計調查顯示，瑞典人有百分之廿四點一贊成恢復死刑，藉以懲治社會上最嚴重的罪行。研究也顯示，瑞典民主黨最贊成死刑，最不贊成死刑的是基督教民民主黨。

范恩．羅斯點頭表示，瑞典人夢想著恢復即將在這裡發生的事，並不讓他驚訝。

「大多數和死刑沒有關連的人會這樣說，但等到死刑影響了某個他們認識的人，情況就不同了。在我還是學生的時候，和我交往的一個女生唸的是犯罪學。那時候她贊成死刑，還告訴我她想要參與處決過程。當我在拉伯克遭到逮捕後，我們談過話，我提醒她以前說過的話，說這下子她可以做她想做的那件事了。她聽了嚇得要死，還說她完完全全反對死刑。當你不認識那個人，你就覺得沒關係；但等你明白過來，那個排隊等死的人是你喜歡的人，這件事就不再那麼有趣了。」

我們討論了他的時間快要用盡了的感受、他的遺體要送到哪裡去、他死了以後會發生什麼事。我問他，有沒什麼事情會讓他感到害怕？他說沒有。

「我不害怕死。每個人時候到了總是會死的。我有過幾次瀕臨死亡的經驗，我曾經被汽車輾過，那時，我看到自己過去的一生在瞬間閃過。我還曾經有個女友拿槍抵住我。我有過很瘋狂的人生，死亡總在四周盤旋潛伏。現在也是一樣，死亡仍然在周遭等候。」

他說，人們對死刑犯最大的誤解，是把他們想成是徹頭徹尾的怪物。

「我只是個普通人，既不是最好、也不是最邪惡。我只是我；我是兒子、叔叔、兄弟。我愛人，也關心人；也有人愛我，關心我。」

他說，他會繼續堅持自己是清白無辜的，直到他死去的那一天為止。與其被迫宣稱自己是個可怕的凶手、承受判刑，他寧可被處決。而當我問他，如果他死了，誰能夠得到正義呢？他微笑起來。

「正義？沒有人得到。我的死，只是和報仇有關，其他什麼也不是。」

他說他已經不抱任何希望了，而這樣的話，他說了四次。但即便他不願意承認，他的雙眼還是閃爍著希望的光芒。他提到了另一個被判死刑的囚犯，安東尼　葛瑞夫斯（Anthony Graves），此人在死囚監獄被關了十八年之後，洗刷了所有的罪名。

「當那件事發生時，我滿腦子想的都是：『哇，那也可能是我耶！』」范恩．羅斯說，他有那種感覺，自己的上訴案會在這最後七天的某個時候過關。他還問我，要是確定他可以繼續活下去了，我願不願意再回來訪問他。就在我準備回答的時候，我聽到有個人謹慎地清了清喉嚨。在我旁邊的是傑森．克拉克（Jason Clark），他是德州刑事司法廳發言人，我和范恩．羅斯交談時，他就一直坐在隔壁幾張桌子那裡翻閱報紙。他向范恩點點頭，打個招呼，接著說，時間到了。我的截稿期限往前了九十分鐘，范恩．羅斯的死期也往前了九十分鐘。

我望著玻璃窗另一頭的那個人，發現我一點兒也不知道該怎麼和他說再見。我和他四目交接，張開嘴想說些什麼，卻什麼也說不出來。我拼命地想找出什麼話來說，腦袋卻一片空白。最後，我直接了當地對他說，我一點兒也不知道該怎麼和一個快要死的人說再見。

他第八十四次笑了，而那也是最後一次。

「妳很明確地說了。再見。」

他的道別在我耳邊迴響，我站起身來、緩慢地尾隨發言人傑森．克拉克，走出波蘭斯基監獄。當最後幾道門在我們身後關上時，我們握著手說，「等時候到了」，我們在亨茨維爾相見。我坐進我的車子，把車開離停車場時，從照後鏡裡看到了那些水泥建築、像刀片一樣鋒利的鐵絲網和瞭望塔台。不過幾年的時間，德州這樣的建築總共有一百〇三棟，成為全州景觀理所當然的一部分。我沈默地開著車，從利文斯頓到亨茨維爾的車程要一個小時，一路上有些地方美得出奇。有兩座橋橫跨特里尼蒂河（Trinity River）和利文斯頓湖，湖濱沿岸的房子是蓋給那些中了樂透彩的人享受生活用的。路邊有一家餐館打著廣告，宣傳自家烘烤的豬肋排。而就在那名字很引人注意的基卡普路（Kickapoo Drive）出口旁邊，有塊招牌看板宣稱，湖濱地帶有一棟房地產要出售。

囚犯赴死的時候，是他最後一次看看這個世界的機會。我想像著，范恩．羅斯坐上一輛車子，在前往行刑室的途中，沿路觀看著他過去十年來關在牢房裡沒能看到的所有事物。我正開車前往的那個城鎮，它的監獄和死囚行刑室，是全城收入最重要的來源；而有電椅的那個監獄博物館，則是它最著名的觀光景點。我很懷疑自己會有機會做到范恩．羅斯邀請我做的另外那個訪問。如果，他在最後一刻得到緩刑，循原路回去，那麼我就可以再去一次死囚監獄，和他會面，問問看他喜不喜歡這段路程。

也或許，從現在開始算起的七天，亨茨維爾就會是他停留的最後一站。

還剩六天

Six Days Left

7/12

范恩・羅斯（編號 999429）

02：30　吃早餐，雞蛋加比斯吉
06：00　躺在床上聽音樂
09：00　站在牢房門口和日室裡的犯人交談
13：30　在日室裡玩推骨牌
18：30　淋浴
20：30　繞著自己的牢房散步
23：00　在床上睡覺

是的，我唯一想發表的聲明是：我是無辜的人，卻被定下了我沒有犯下的罪。這十二年來，我因爲一件我沒有做的事，一直承受迫害。而今，塵歸塵、土歸土，大地將成爲我的寶座。我得走了，朋友。

我愛你，蓋比。

（其他聲明內容因爲語句褻瀆而省略）

卡麥隆・陶德・威靈漢（Cameron Todd Willingham），

二〇〇四年二月十七日伏法

桌上的手機訊息聲響起，他拿起電話，閱讀簡訊，微笑著。

「是我的經紀人，」安東尼・葛瑞夫斯說，「他正在和凱蒂・庫瑞克（Katie Couric）談，她想做一個重要的專訪。」

不是只有那位美國電視紅人緊追安東尼．葛瑞夫斯不放。我們在休士頓一家餐廳碰面之前，他才剛剛接受了當地一家電視台KPFT的專訪。現在，輪到我做訪問了。現年四十七歲的安東尼．葛瑞夫斯，身體向前靠向桌邊，拿起桌上的玻璃杯，大口喝下了裡頭的粉紅色檸檬汁飲料。他根本不必問我想從哪裡開始問起，因為他很清楚，故事必須得從哪兒起頭。時間倒回到廿年前，或者更精確地說：廿年十個月又廿四天以前，一九九二年八月十八日。安東尼．葛瑞夫斯很習慣數日子，他已經數了很長一段時間了。

＊＊＊

消防隊員在凌晨時分，聚集在芭比．戴維斯（Bobbie Davis）家門口，這裡是休士頓西北部一個半小時車程的薩默維爾（Somerville）小鎮。那棟棕色的平房著了火，草坪上倒著一輛黃色的塑膠玩具腳踏車，彷彿是在警告他們，進屋以後，將會面臨到對消防員來說最糟糕的景象：死去的孩子。

但是情況比那還要糟糕。當消防人員控制火勢，進入屋內後，他們總共找到了六具屍體，罹難者全都是遭到謀殺，而那殘暴的景象將永遠蝕刻在他們的記憶裡。他們發現第一個的受害者，年齡最大，她是四十五歲的屋主，芭比．戴維絲。她的頭部被刺了廿九刀，還被鈍器毆打。接著被找到的屍體，是她十六歲的女兒妮可．戴維斯（Nicole Davis），她躺在自己的床上，頭部中了五槍。

然後，消防員發現了三個小女孩的遺體，她們都是芭比．戴維斯的孫女，九歲的丹妮特拉（Denitra）、六歲的布列坦妮（Brittany）、五歲的麗亞艾琳（Lea'Erin）。三個小孩全都一動也不動地躺在床上，分別被刺了七到十三刀致死。最後一個被人發現的是杰生（Jason），他的身體捲曲，被藏在一個枕頭底下，也是被刀給刺死。不知道是一個、還是好幾個殺人凶手，最後把汽油潑灑在這些屍體上，放火燃燒。警方抵達現場時，依據凶器的數量，率先假設凶手有兩個人。他們使用的凶器包括鋤頭、刀子，還有槍，但這些殺人武器全都沒有找到。

六個人遭到謀殺的消息立刻傳遍了這個居民不到兩千個的小鎮。芭比．戴維斯在小鎮裡很受人歡迎，而五個小孩陳屍在床，更是讓人無法想像。殺人案發生的幾天之後，大家為為受害者舉行葬禮。警方將整個儀式拍攝下來，希望能夠找到一些線索。其中一個被拍攝到前來教堂參加儀式的可疑者，是卅六歲的羅伯特．卡特（Robert Carter），他和他太太坐在很後面。影片上，羅伯特．卡特的左臉頰和手部，有清晰可見的燒傷。

警方查閱羅伯特・卡特是否有任何記錄在案，結果發現，這名已婚男子在案發的四天前，才在一場子女撫養權糾紛案件當中，被指名是那名最年幼的受害者杰生的父親。男孩的母親麗莎・戴維斯也住在芭比・戴維斯的房子裡，只是謀殺案發生當時，她出門工作去了。

葬禮過後的那天早晨，警方傳喚羅伯特・卡特到警局。負責此案的探員詢問他是怎麼燒傷的，卡特解釋說，他把汽油澆在自己的花園裡，想把雜草燒掉，但實驗失敗，草皮著火，割草機爆炸，所以才受了傷。警方先暫停詢問，開車到他家，結果發現，是有一塊草皮燒掉了，但是面積實在太小，難以相信足以造成卡特身上的燒傷。警方開始重新審訊，對他施壓。三個小時以後，他終於招供。但他也告訴警方，自己並非獨自犯案；而且那些極端殘暴的殺戮行為不是他做的。他說，他是和一名叫做「肯尼士」的人一起犯下這樁凶殺案。在警方不斷施壓之下，他改變了說詞，把他太太表弟的名字，安東尼・葛瑞夫斯，供出給警方。那一年，安東尼・葛瑞夫斯廿六歲。

羅伯特・卡特告訴警方，麗莎・戴維斯聲稱安東尼・葛瑞夫斯是她孩子的父親，讓葛瑞夫斯很不高興。他說，安東尼・葛瑞夫斯後來對麗莎的媽媽芭比・戴維斯也很不滿，因為她在工作上獲得升遷，而安東尼・葛瑞夫斯認為，他自己的母親才應該得到那個職位。根據羅伯特・

卡特的說法，他們兩人一起開車到戴維斯家，去和戴維斯母女對質。卡特形容自己當晚如何走出車子、按下門鈴，葛瑞夫斯當時還留在車子裡；等到他和芭比・戴維斯談過、返回停車地時，看到安東尼・葛瑞夫斯走出車子，進到屋裡。卡特聲稱，他過了一會兒，跟著進到屋內，就發現「滿屋子都是血」。

羅伯特・卡特表示，他從前門進到屋裡時，安東尼・葛瑞夫斯已經把芭比・戴維斯和除了妮可之外的所有小孩都殺害了。之後，卡特上前，朝妮可的頭部開了五槍。

警方拿到了羅伯特・卡特的供詞，有恃無恐地逮捕了安東尼・葛瑞夫斯。他全盤否認涉案，他的弟弟、女友和妹妹在接受詢問時，也都異口同聲說：安東尼・葛瑞夫斯在凶殺案發生當晚和他們在一塊兒。沒有任何動機可以解釋葛瑞夫斯為什麼要殺害住在另一個城鎮的五個他並不認識的人，也沒有任何法醫證據。但警方還是將他拘留。

安東尼・葛瑞夫斯以前從不曾被捕，現在卻開始了新的體驗，首先體驗的是進入監獄的程序。進入德州監獄體系裡的程序，一直都是一樣的：犯人在頭四十八個小時之內，會接到一個六位數的囚犯編號，這個編號將一直跟著你，直到獲釋為止，或是等你進到死囚監獄——這時會改成九九九開頭的編號。

囚犯拿到了編號，就必須交出所有的個人物品，然後去拍照、消毒、剃毛（如果是男性的話）。獄方會採取指紋和血樣，進行全面體檢，以確保囚犯的耳後、口腔內、女犯人的陰部、男犯人的睪丸底下、肛門、手指和腳指間，沒有暗藏任何違禁品。囚犯接下來會穿上白色監獄工作服，並且拿到一小塊肥皂、一點牙膏粉，還有一支小到無法被磨平當作武器的牙刷。等這些程序完成之後，犯人就會開始他的鐵窗生活，時間可能是幾天，也可能是他的餘生。

安東尼．葛瑞夫斯收到工作服的時候非常難過，但並不是特別擔心。他知道這一切都是個錯誤，他知道自己是清白的。

三天之後，就在接受大陪審團審訊之前，羅伯特．卡特又改變了自己的說詞。他說，他是因為警方施壓，認為他有別的共犯，還暗示這共犯是他的太太庫琦．卡特（Cookie Carter），他才編造出了安東尼．葛瑞夫斯涉案的說法。

儘管羅伯特．卡特手按聖經發誓說他稍早的供詞是假的，首席檢查官查爾斯．謝伯斯塔（Charles Sebesta）卻仍然決定繼續讓安東尼．葛瑞夫斯坐大牢。根據安東尼．葛瑞夫斯的辯護律師的說法，謝伯斯塔甚至把在法庭庭訊的內容隱瞞起來，不讓葛瑞夫斯的辯護律師知道。謝伯斯塔則說，他有告知。只不過，沒有任何記錄足以支持謝伯斯塔這方面的說詞。

羅伯特．卡特遭到起訴，並且在一九九四年二月被判處死刑，但直到那年稍晚，安東尼．

葛瑞夫斯才因在這椿殺人案中的刑責被起訴。那時，葛瑞夫斯關在牢裡等待審判，已經等了兩年了。卡特拒絕作證他有殺人。檢察官查爾斯・謝伯斯塔於是告訴卡特，如果卡特願意出面作證安東尼・葛瑞夫斯殺人，他將不再追究卡特妻子庫琦在這椿殺人案中的任何嫌疑。謝伯斯塔後來坦承，他根本沒有把這項協議告訴安東尼・葛瑞夫斯的辯護律師。就在同一天，控辯雙方對羅伯特・卡特進行交叉盤問；而辯方並不知道才在幾分鐘之前，卡特曾經告訴檢察官，他們所辯護的那個人是無辜的。

羅伯特・卡特再一次坐上了證人席，但這一回他確定他太太將被排除在謀殺案調查範圍之外，他提出了另一個故事版本，內容和他稍早編造出來又撤回去的那個，又不一樣了。他說，他是和安東尼・葛瑞夫斯一起去敲門，他先拿出鎯頭錘打芭比・戴維斯的頭，安東尼・葛瑞夫斯接著拿刀刺了她廿九次，同時他拿槍射殺了她十幾歲的女兒。卡特在證人席表示，等到他殺了這名少女以後，他回來看到葛瑞夫斯已經殺掉了所有的小孩。然後他在戴維斯家的車庫裡找到了一桶汽油，把油澆在所有受害者身上，點燃火苗。

他的說詞被認為合理，在沒有一丁點法醫證據的情況下，陪審團判處安東尼・葛瑞夫斯死刑。

而在判刑做出宣告以後，卡特又再次撤回了自己的證詞。一九九七年，他在律師協助之下，錄下了一個影片，在影片中他自己承擔了全部的罪責，說案子是他一個人做的。他解釋了自己如何被迫作證控訴安東尼．葛瑞夫斯，也說出首席檢察官查爾斯．謝伯斯塔的協議安排。在接下來的三年內，他七度向檢察官、法官、還有任何願意聆聽的人，做出了相同的主張：他把葛瑞夫斯捲進這件案子裡，一開始是想救他自己，後來是想讓他的妻子避免涉案。

二〇〇〇年，卡特把一份八十五頁的聽證內容副本，交給了CBS電視台等單位。在聽證內容中，卡特詳細描述每一次他試圖表明安東尼．葛瑞夫斯是無辜的情況，結果全都徒勞無功。

六位被害者的家屬等待了八年，終於等到了那一天：處決第一個被定罪的殺人凶手，羅伯特．卡特。那是二〇〇〇年，五月卅一日，星期三。羅伯特．卡特被綁起來，躺在沃斯監獄綠色房間裡的行刑床上。典獄長吉姆．威列特（Jim Willett）問他，最後還有沒有什麼話想說。他說，有。

我想對戴維斯的家人說，很抱歉造成你們的痛苦。這一切都是我一個人做的。安東尼．葛瑞夫斯與此事毫無關係。我在法庭上說了關於他的謊話。安東尼．葛瑞夫斯根本什麼都不知道。我太太也什麼都不知道。現在，我準備好去見我的造物主了。

羅伯特・卡特伏法在伏法之前的最後幾分鐘說出來的這番自白，讓此案重新獲得了重視。CBS電視網針對他們所收到的資料做出了特別報導，羅伯特・卡特在三年前錄下的影片內容，終於得以重見天日。有一群休士頓當地大學的新聞系學生，開始研究這個案子。他們原本以為只是一個小小的研究案，後來卻成為持續很多年的研究項目。這些學生一步步地清查整樁案件，每一位證人的陳述、任何一丁點的證據（或是不足的證據）他們都不放過。在研究了這個案子四年之後，妮可・卡薩雷茲（Nicole Casarez）教授和她的學生相信：有一個無辜的人，正被關在死刑監獄。

他們把所有的文件交給了安東尼・葛瑞夫斯的辯護律師，律師又將它們提交給美國第五巡迴上訴法院，該上訴法院在全國因為最為保守而出名。正義的車輪開始轉動了，雖然啟動得慢了點。到了二〇〇六年，上訴法院審視了新的證據，宣布關於安東尼・葛瑞夫斯的判決，缺乏事實根據。他們下令將他移出死刑監獄，等候新的審判，同時也對檢察官查爾斯・薩伯斯塔提出嚴苛的批評，認為他嚴重失職。

接下來的四年，安東尼・葛瑞夫斯被關在不同的地方，等候新的審判。州檢察官們找來了全國最強硬的檢察官，凱莉・席格勒（Kelly Siegler），想把安東尼・葛瑞夫斯關回死囚監獄。在此之前，她已經將十九個人送上西天，而且從來沒有打輸過任何一場死刑審判案件。她設法讓自己全盤了解這個案子，運了廿五箱筆錄、證據和資料回家，仔細閱讀每一頁。然後，她打電話給安東尼．葛瑞夫斯的辯護律師，約時間見面，然後告訴他，她和上訴法院一樣發現證據站不住腳；她也認為，前一位檢察官極為草率地處理此案。基於這些理由，她決定撤回指控。二〇一〇年十月廿七日，安東尼．葛瑞夫斯，成為德州第十二個活著離開死囚監獄的自由之人，但在這之前，他已經在監獄度過了十八年半的歲月。

場景回到休士頓的一家餐館，點用的肋排已經上桌，那位因為一樁不是他犯下的命案、在死囚監獄待了將近廿年的男子，正試圖解釋一件連他自己都不能理解的事情；他已經花了十八年的時間，想要為這件事找出可以讓自己接受的說法。

「我不明白為什麼羅伯特．卡特要牽拖到我。後來我聽說，是他被找去警察局接受審問的路上，剛好看到了我，所以我的名字就那樣留在他的腦海裡，而當警方對他施壓時，他就隨口說了出來。但我不懂。羅伯特．卡特私底下和警方說的很多事情，根本都說不通。」

他陷入沈默，然後又強調一次，警方和檢察官根本沒有什麼事證可以繼續調查下去的。他這樣表示：「不可能無中生有。」

「但我是個年輕黑人。想當年，像我這樣的人發生那種事，其實並不太奇怪；那是相當典型會發生的事。每當你打開電視機，就會看到長得像我這樣的黑人，遭到錯判，被關了廿五年或卅年才出獄。」

他說的沒錯。也許不是你一打開電視機就看得到，但是次數的確很頻繁。安東尼．葛瑞夫斯的故事非常慘，卻一點也不算特別。打從一九七六年美國重新恢復死刑開始，不到四十年內，已有將近一千四百名男性和女性遭到處決。在那段時間裡，像安東尼．葛瑞夫斯那樣活著離開死囚監獄、恢復自由之身的囚犯，有一百四十多人（其中一位是女性）。平均每十次處決，就有一個被無罪開釋。那些坐了冤獄的人，在獲釋之前的平均坐牢時間是十年。在美國，無辜被告待在死囚監獄裡的時間總和，遠遠超過一千年。

由兩所美國大學：密西根大學法學院（Michigan Law）和西北大學法學院（Northwestern Law）共同維護的一個全國資訊庫，內有美國所有定罪被翻案的人物檔案。在我下筆的此刻，總計有一千三百九十九起推翻定罪的案例，而其中一百四十四個案子是判處死刑。

截至目前為止，一個人遭到誤判、落入死刑監獄，最常見的原因是：有人做偽證或是做出假見證；也就是說，在沒有任何事實根據的情況下，控告某人犯罪，像安東尼．葛瑞夫斯的案子那樣，超過一半的已知案例就是這樣發生的。幾乎同樣常見的另一個原因，是警方、法官或檢察官失職，而這也出現在安東尼．葛瑞夫斯的案子裡。另外，還有現場目擊證人指認失誤、假證據或證據誤導了方向，以及法律顧問能力不足。而最後這一項，正是非盈利組織「清白計劃」（Innocence Project）的關注焦點。這個組織是由兩名律師成立，他們曾想出了一個方式證明，有三位辯護律師在他們各自所代表的當事人即將被判處死刑的當下，在法庭上像是睡著一樣地沒有反應。

最後，不實的自白，也是人們被不當定罪的一個原因。從死囚監獄裡放出來的人，有超過十分之一，曾在某個時間點供認自己犯罪，但他們其實並不是凶手。

一般人乍聽之下，可能很難理解，為什麼有人會承認自己並沒有犯下的罪行；但是這種事的確一而再、再而三地發生。探討這種現象的研究人員後來確定，不實的自白，與幾項不斷重複出現的因素相關。第一個因素是，嫌犯被執行審問的人威脅或感覺到威脅，或者真的受到了暴力對待。另外，當事人接受審訊時，因為過度疲累、壓力大、飢餓，或藥物濫用等等，沒辦法清楚思考，也會供出不實的自白。如果當事人有心智障礙，或者教育程度有限，有時候也會導致不實的自白。

另外兩個原因是，如果帶頭審訊的人說假話，譬如聲稱已經拿到了ＤＮＡ證據，但其實那證據並不存在；又或者，被審訊的人認為如果他們不認罪的話，可能會面臨更嚴重的罪責。

以上多個原因，都適用在戴蒙．蒂博（Damon A. Thibodeaux）身上。他曾在一九九六年七月廿一日上午，承認自己在兩天前性侵及殺害了十四歲的繼表妹克莉斯朵．香檳（Crystal Champagne）。一九九六年七月十九日，她的家人在她離開紐奧良郊外的住家去店裡的那天晚上，向警方報案說她失踪了。第二天下午，人們在一座橋邊堤防上，發現她赤裸的屍體。她被人用帶刺的鐵絲網勒死，警方懷疑她死前曾遭到性侵害。

同一天晚上，戴蒙．蒂博被帶去警局接受審問，審問持續了一整夜，到了清晨時分，他終於供認自己強姦殺人。在他認罪之前，曾接受測謊，而警方告訴他，他並沒有通過測謊。他的自白沒有留下錄音，但警方的說法是，這位廿三歲河岸工人在警局裡表示，他先去店裡接克莉斯朵，然後帶她到他停在河堤的車子內。一進到車裡，他們就開始性交。而根據他的供詞，當克莉斯朵對他說「噢，好痛！慢一點」的時候，「他抓狂起來」。蒂博接著形容他如何兩手勒住那女孩好幾分鐘，將她勒斃，最後再用鐵絲繞在她的脖子上。他還形容自己如何在她死後，繼續對她性侵，以及最後他如何射精在她身上和她的身體裡。

只是，沒有任何的法醫證據可以證明蒂博和這宗罪行有關，在他車子裡找到的頭髮和組織纖維，都不是受害者的；警方也沒有在那女孩身上或體內找到任何精液。幾天之後，他撤回了自己的供詞，表示是因為警方逼供讓他嚇得要命，他才說了那些供詞。

蒂博於一九九七年十月遭到起訴，當時，檢察官拿著他的供詞和兩位女性證人發過誓的證詞，說在克莉斯朵失蹤之後，她們看到戴蒙．蒂博站在橋上「緊張地徘徊」；這兩位女性是看到了媒體刊登出他的照片後，出來指認他。而在辯方那邊，就只有蒂博的母親和姊姊，為他提出了不在場證明。結果，陪審團沒有花太多時間，就宣布戴蒙．蒂博有罪，並將他判處死刑。

二〇〇七年，一群公益律師開始審視這個案件。除了進行新的DNA檢測，還加做了其他檢驗，最後確認，克莉斯朵．香檳被殺害以前，並沒有遭到性侵害。他們查閱自白供詞，發現好幾個前後不一致的地方；其中包括蒂博說，他用灰黑色的鐵絲勒死女孩，但警方找到的鐵絲其實是紅色的。而根據DNA檢測，殘留在那條鐵絲上的血跡既不是受害者的，也不是蒂博的。仔細審視兩位目擊證人舉證她們看到蒂博的時間，當時蒂博其實已被帶去接受警方訊問，不可能還留在案發現場。這些律師後來諮詢了審閱過這件案子的法醫精神病學家邁克．M．韋納（Michael M·Welner），最後得出的結論是：蒂博的自白，是「警方施壓，歷經九小時嚴酷審訊，身心俱疲、心理脆弱、害怕被判下死刑」的結果。

二〇一二年九月廿九日，那位在十六年前宣判戴蒙．蒂博死刑的法官，簽下了授權書，同意與此案相關的文件立即解禁。拜DNA檢測之賜，戴蒙．蒂博因此成為全美國第三百位重獲自由的人。而那三百個人被釋放的人當中，有十八個是被判處死刑。

戴蒙·蒂博在安哥拉死囚監獄（Angola Prison's Death Row）被關了十六年，但他至今沒有獲得路易斯安那州政府一分一毫的賠償。至於安東尼·葛瑞夫斯，在打了九個月的官司之後，領到了德州州政府發給冤獄者的賠償：依據每坐一年冤獄發給六萬三千美元的算法，葛瑞夫斯總計領到的賠償金，剛好超過一百萬美元。

「那個金額很詭異。」坐在桌旁的安東尼·葛瑞夫斯說：「不知道這是誰想出來的金額？每天被關在牢房裡廿二小時，遭到像對畜生一樣的對待，算你一年六萬三千美元，是誰決定這是公平的賠償？」

近來，重獲自由的安東尼·葛瑞夫斯，透過他自己成立的機構「安東尼·葛瑞夫斯基金會」和「安東尼信心組織」，對外發表演說來維生。閑暇之餘，他還找了一個代筆人，和他一起撰寫回憶錄。他不願透露共同執筆者的姓名，只說那個人的作品曾經登上紐約時報暢銷排行榜。

「這本也一定會成為暢銷書。不是因為我們兩個都很擅長文字表達，而是因為有那麼一個故事，非得說出來不可。」

他暫時打住，因為那位過於殷勤的侍者又過來我們這桌，這一回是拿著胡椒研磨罐，想確認豬肋排的調味夠不夠。安東尼·葛瑞夫斯為肉排撒上一點黑胡椒，表情認可地看著眼前的餐點，喃喃地說了句評語：「食物好吃就是很棒的一件事。」

我告訴他我和范恩・羅斯會面的事，說羅斯提到他有多討厭鬆餅。安東尼・葛瑞夫斯搖了搖頭，悲哀地微笑。

「他說得沒錯。只要我還活著一天，絕對不想再吃牢裡的伙食。我坐牢的時候，在食物裡發現過老鼠屎和玻璃。」

食物，是個勾起情緒的話題。安東尼・葛瑞夫斯在牢裡的最後四年，是待在一個安全級別較低的監獄裡，每週他可以打一通電話出去，而這通電話總是打給同一個人：他的媽媽，朵瑞絲・柯里（Doris Curry）。

「沒有人比我媽媽煮得好吃。而且，奇怪的是，當生命中的所有事物都被剝奪走的時候，我完全沒法停止想念的事情，就是好吃的食物，媽媽煮的東西。我每天都想著它們，想像著它們。所以，當我終於等到了機會，我就每週打一次電話給她，問她在煮些什麼。」

每一次得到的回答都不一樣。有時候，媽媽告訴他，說她如何把一整隻雞放進烤箱裡；有時候，她會描述自己如何煎牛排，或燉煮一鍋肉。有時候，他打電話去，媽媽正好在烘焙食物，她就會告訴他和餅乾與蛋糕有關的事。這樣的對話最後總是以同一種方式結束——安東尼・葛瑞夫斯會變得很沮喪，對著她咆哮。安東尼・葛瑞夫斯想著過去的事，搖搖頭。他解釋，這就好像是上了癮，他想問這樣的問題，卻沒辦法接受答案。同樣的過程，一週又一週地反覆進行，直到那一天到來。

「我事先完全不知道自己會被釋放，一切就這樣發生了。他們做出決定，兩小時之後，我得到指令，要我把自己的東西打包好，因為我要出獄了。我所有的罪名都被除去，我自由了。」

他就這麼突如其然地站到了監獄外的人行道上，準備進入律師的車子裡。那個片刻，他只有一件事非得先做不可。他借了手機，打電話給他媽媽。

「我問她同一件事，『妳在煮什麼』？因為我向她咆哮過那麼多次，她回答得有點猶豫；最後，她再一次問我，為什麼我想知道。」

他答道：「因為今天我要回來吃晚餐。」

「妳明白那種感覺嗎？當你極其渴望某個東西，你這一輩子只想要那個東西，突然之間，好像整個宇宙為你打開了，讓你得到了那個渴望了那麼久的東西。在那個當下，情況就像那樣發生了。我的人生有十八年被人奪走，在那十八年半的時間裡，我不被准許碰觸我的媽媽或我的孩子。在得知自己將在幾秒鐘之內，坐進一輛汽車，回家去見媽媽、擁抱她、擁抱我的孩子，那感覺真的是筆墨難以形容。」

安東尼·葛瑞夫斯說著說著哽咽了，但他仍然努力想要描述當時的情況：轉進那條街、走出車子、摟住他的兒子，然後看到他媽媽越過草坪，身上穿著一件紫色和黃色相間的洋裝。他的嗓音破掉了。

「那個把你生下來了的女人，那個你一生當中唯一無條件愛你的人，那個從來沒有停止相信你是清白的女人，她就站在草皮上，邊哭邊笑，張開了她的手臂；你一步步迎向那雙手臂，全然投入永不止息的母愛裡，然後感覺到那份愛將你包圍起來……」

他的句子沒有說完。也不需要多說。

他安靜了很長一段時間。低頭看著桌子。吞咽著。

「在那樣的擁抱裡，我明白一切都會沒事的。那個擁抱告訴我，『媽媽現在抱住你了，媽媽不會再讓任何人傷害你』。她環繞著我的手臂告訴我，我到家了。」

安東尼·葛瑞夫斯解釋道，在這麼多年的監禁裡，讓他不至於崩潰和放棄的原因，就是因為他知道，自己是被冤枉的，他深信終有一天，自己會站在草坪上被母親的雙臂環繞。他覺得，上帝對他是有一個計劃，而所有這些事，只是那更大的計劃的一部分，為了到達某處，他必須先經歷這段旅程。只是，這是一趟非常漫長而艱苦的旅程。

「被孤立隔絕十八年，是會毀掉一個人的。它會奪去一個人的情感面。那些全都是很小很小的事情，像是沒有人與人的聯繫。想像一下，你再也不能觸碰到另一個人。我不能擁抱我媽或我的孩子長達十八年。而碰觸，對我們人類來說，就好比是汽油一樣。我們需要加油，我們需要補充汽油。如果你不把汽車油箱加滿，車子最後就會停下來，開不動。」

他喝了一大口飲料，加了冰塊的汁液，快要滿出來了。然後，他試圖整理自己的說法。

「沒有經歷過的人，是無法理解的。人是為了親密感而被創造出來的。當你把那種感覺從一個人的身上拿掉，就一定要當心你創造出了什麼樣的人。在牢裡這麼多年，我沒辦法不去想這件事。例如觸摸異性的感覺像什麼。觸摸和我媽媽的食物，這些是我最喜歡的主題。」

在美國，有八萬個男性和女性，身處在安東尼．葛瑞夫斯描述的情境中。他們每天在牢房裡孤立至少廿二小時，如果把手臂張開來，只能觸摸到環繞著你的牆壁。

二〇〇三年，心理學家克瑞格．漢尼（Craig Haney）研究了在加州鵜鶘灣監獄（Pelican Bay Prison）單獨監禁的男性，想了解隔離對他們有何影響。他的研究顯示，有三分之二被單獨監禁的人，會自言自語，而且其中幾乎有一半的人出現現實感被剝奪、幻覺和自殺的念頭，因此感到非常痛苦；有三分之一的囚犯出現嚴重的心理問題。

隔離對人類有強烈影響的這個事實，並不是什麼新聞。上個世紀的多數時期，長時間單獨監禁被認為是非常不人道的事；它很少被使用，就算是單獨監禁，也只是短期的，目的是用來懲戒那些行為不當的犯人。但在九〇年代，情況卻幡然改變。

美國第一座被稱為「SuperMax」的超高度安全級別監禁，在一九八九年啟用，地點正是加州鵜鶘灣監獄；在SuperMax裡的囚犯，幾是都是連續廿四小時關禁閉。這種監禁方式很快擴延，至今不到廿五年，全美國五十州已有四十州設立了這種超高度安全級別監禁設施，或是有特別隔離的牢房，在那些牢房裡，囚犯每天至少被隔離廿二個小時。

相對來說，德州的隔離牢房算是新設立的。在一九九九年以前，安東尼．葛瑞夫斯和其他死刑囚犯，都是關在亨茨維爾的艾利斯監獄死囚區。安東尼．葛瑞夫斯談到那個時期，嘴角帶著微微的笑意。犯人在那裡有比較多的自由。被歸類為表現良好的囚犯，即使是關在死囚區，仍然獲准在上午和晚上工作。他們可以有幾個小時的團體運動，可以看電視，只有晚上才必須待在牢房裡獨處。犯人願意的話可以自學；另外在特定條件下，犯人可以和訪客在同一個房間裡頭會面。

而這一切，在一九九八年感恩節那個週末發生了七個囚犯逃獄事件之後，完全改變了。德州死囚監獄的第一次逃獄事件，是發生在一九三四年；那年，逃亡在外、惡名昭彰的鴛鴦大盜邦妮．派克（Bonnie Parker）和克萊德．巴羅（Clyde Barrow），手持武器衝進亨茨維爾的伊士曼監獄（Eastham Unit），射殺了兩名獄警，將巴羅的表弟雷蒙．漢米爾頓（Raymond Hamilton）放出監獄。

一九九八年的逃獄事件，雖然不像一九三四年那樣暴力，卻是在周密的策劃下進行。七名企圖逃獄的囚犯做了假人形的東西，讓假人穿上他們的衣服躺在各自的床上，騙過獄警，自己則是躲在娛樂區，等候天黑。他們用紙板和好幾層衣服包住身體，以避免被鋒利的鐵絲網刺傷，然後跑向用修籬機剪斷了的第一道圍籬，接著他們躲在一個比較大一點的操場好幾個小時，再集合起來衝向第二道圍籬，在那裡，他們的行踪暴露。警衛隨即對這群逃獄者射出多發子彈，在連開廿多槍之後，七個犯人中的六個人放棄逃亡，就地自首，回到牢房。

剩下的最後一個犯人是廿九歲的馬汀．哥祿（Martin Gurule），他一九九二年在德州科珀斯克里斯蒂市（Corpus Christi）犯下了搶劫、殺害餐館老闆和廚師案，被判處死刑。警方為了將他緝捕歸案，發動了少見的大規模行動，總計出動五百名警察、警犬和具有紅外線探熱攝影機功能的直升機，日以繼夜搜捕了七天。警方將哥祿列為「未攜帶武器的危險人物」，並懸賞五千美元。七天後，當時的德州州長喬治．布希（George W. Bush）下令動員德州騎警，加入搜捕行動。不過，這項命令一直沒有正式發布，因為在同一天下午，兩名休假中的獄警在距離監獄不到一公里的特里尼蒂河（Trinity River）釣魚時，看到哥祿的屍體漂過橋下。經過確認，馬汀．哥祿在企圖逃獄當時，被子彈擊中，幾乎是當場傷重不治。

德州居民在接下來的那一週，對整起事件的反應相當恐慌，於是，州長喬治．布希在他競選總統的最後階段，採取了強硬姿態。被判死刑的囚逃可能逃跑的這件事實，完全無法接受，必須不惜一切保護亨茨維爾當地居民。法令改得更嚴格了，艾利斯監獄的工作項目即日起暫停，此外，也決定將死刑犯全數移送艾倫．B．波蘭斯基監獄的 SuperMax 超高度安全級別設施，於一年後執行。安東尼．葛瑞夫斯在波蘭斯基監獄待了七年，其中五年，范恩．羅斯也在那裡。他們不被准許工作，也不准和任何其他囚犯待在同一個房間。

德州對待死囚犯的作法極端嚴苛，並以此聞名全美國；長期隔離也確實留下了後遺症。五名在德州死囚監獄單獨監禁最久的人犯，個個都被關了超過卅年，其中兩個已經被證實罹患了精神疾病，在法律上，他們符合不能被處死的條件；只不過，有心智障礙的人犯被處死的案例，還是有好幾起。

近年來比較知名的一個惡例，是二〇一二年八月七日處決了五十四歲的馬文．威爾森（Marvin Wilson）；他當時已被證實有心智障礙，智商只有六十一。根據德州法律，智商七十以下的人，可以不被處決。（在瑞典，智商七十以下的人屬於「弱智」。）但即便如此，美國最高法院仍然認為，馬文．威爾森有「街頭智慧」，所以有足夠能的理解力，也明白他的行為會導致什麼後果，所以，雖然人權組織為他大力示威抗議，最後他還是遭到處決。

安東尼．葛瑞夫斯說，在他十八年的牢獄生涯裡，看過好幾個類似的案例。自殺的、他殺的、發瘋的都有。他告訴我，有個犯人的精神病非常嚴重，那人深信監獄本身就是個戰區。為了偽裝自己不被敵人認出來，那個犯人把自己的糞便塗在臉上。當獄警前來帶他去執行死刑時，他當場激動地堅決下令，要求「部隊把隊長給殺了」。

安東尼．葛瑞夫斯的故事好像永無止盡地，一個接一個湧出來。他描述道，有個囚犯不明白自己即將被處死，當時候到來，他還詢問其他受刑人的意見，問自己該穿什麼去參加葬禮，完全也不了解，自己就是那個要躺在棺材裡的人。葛瑞夫斯還告訴我，有個囚犯坐在牢房中央，慢條斯理地把他的床單撕成長條，然後把這些長條綁在自己的身上，點火自焚。有個被診斷患有精神分裂症的男性囚犯，有天用手把自己的眼球挖了出來，一口吞了下去。他還談到有個囚犯不被允許靠近任何刀片，因為只要他一拿到刀片，就會把自己身體的某個部位給切下來。不論安東尼．葛瑞夫斯可以怎麼切斷過去，在他遠離那些囚犯和監獄很久之後，那些人、那些回憶，仍將與他常相左右。

「單獨監禁讓人想死。」他平靜地說。

「那裡有人取消了自己的上訴。到了某個地步，他們寧願死，也不願繼續活在波蘭斯基死囚監獄裡。」

在我們見面的那天，距離他踏出監獄大門、打電話給他媽媽詢問晚餐吃什麼，已經過了三年了。

日子還是要繼續過下去。他試著重新了解自己和他的兒子。當他入監服刑時，他的三個兒子分別是八歲、九歲和十二歲。現在，他們都長大成人，有了自己的兒女。他錯過了他們所有的童年時光，在將近廿年的歲月裡，他一年只能透過玻璃牢籠見他們幾次。他說，他和兒子之間有著很多的愛，他們試著建立關係，但那需要時間。從他離開波蘭斯基監獄以來，他晚上還是沒辦法好好睡覺。

「不是因為做惡夢。我沒有什麼惡夢好做的，還有什麼會比我已經經歷過的來得更糟呢？我見過有人撕裂他們的手腕，我見過有人割開自己的喉嚨、有人上吊、有人服藥自殺。還有什麼我沒有見過的事，會讓我做惡夢呢？我會失眠，是因為過去這麼多年來，我每天晚上都是一而再、再而三地醒來。」

他說，他一次最多只能睡兩到三個小時；在自己睡著以前，夜裡還是會哭泣。即便他現在住在一個有百萬居民的城市裡，他仍然會捲曲在床上，覺得自己是全世界最孤單的人。他試著告訴我，監獄裡有什麼噪音。直到現在，他還是會在漫長的黑夜裡想起那持續不斷的噪音，所以在生理上，他其實無法一覺睡到天明。監獄裡的聲響、死囚牢房的噪音；一整晚在你牢房外頭哐啷作響的金屬碰撞聲、大門開開關關、人的吼叫聲；每天晚上在漆黑中發生的事；男人因恐慌而啜泣、自言自語，因為開始出現精神分裂而擔心害怕。噪音持續不斷，從未沈寂，永無安寧。

他又回到了親密關係的話題。談到自己待在牢裡十八年，數以千計的夜晚，他是如何渴望親密感、憧憬親密感。但他也談到，如今親密關係近在咫尺，他是如何無力接受。安東尼・葛瑞夫斯認識了一名女子；當我問他，她是不是他女朋友時，他尷尬起來。

他說，「我仍舊還是人類。擁有一顆心，和所有人一樣有七情六欲。但我經歷了很多事，看過三百個人被處決，他們之中有很多人是我的朋友，有些人甚至比朋友還要親；那裡就像個大家庭。為了在那樣瘋狂的處境中存活，你必須把自己內心深處的某些地方關起來，而那些地方已經關閉很久很久了。但於此同時，你也會很想開放自己、想把自己交出來給某個人，在那種欲望之下，你的身體疼痛著。不過，我很小心。」

他告訴我，那位他還不願意稱作是自己女朋友的女子，完全理解這件事，很有耐心等待著。他們已經持續往來兩年半了。她來自德國，但在美國住了十二年。他說，他們正努力找出相處之道。可是，他也擔心如果稱她為女朋友，她可能會就此消失。

「她是社會運動人士，倡議反對死刑。一聽說我被釋放，她立刻傳訊息恭喜我，我們於是開始聊天，並決定碰面，接下來就不用我多說了。我不想為未來設限。我現在的感覺其實很像是剛剛才離開了一個到處都有界線、限制和規範的地方。」

他談了很多在他體內糾葛掙扎的感受；談到自己渴望和另外一個人親近，以及和另一個人親近有什麼困難，他也談到自己非常需要感情，卻又難以接受感情。

「這就是為什麼我說美國的獄政制度應該要當心，當他們把我們建立人際關係的機會全都給奪走的時候，到底會創造什麼樣的人出來。你對一個人做那種事，不可能什麼後果都沒有。」

他問了我一些有關范恩．羅斯的事。問我去造訪的時候，他的感覺如何？問我是不是覺得那個現在只剩六天可活的人很友善？我說，他是很友善。

「喜歡上死刑犯就會有那種問題，」他說，「往往最後只能看著他們死去。」

還剩五天
Five Days Left

7/13

范恩．羅斯（編號 999429）

03：00　躺在床上

06：30　躺在床上吃東西

08：00　躺在床上聽耳機

11：00　睡覺

14：30　清潔

17：30　和鄰居（犯人）說話

19：00　出去活動

23：04　坐在床上吃洋芋片

我希望霍華太太（Mrs. Howard）可以就此獲得安寧。

詹姆士．派斯德（James Paster），一九八九年九月廿日伏法

今天是「小貓頭鷹」的生日。「小貓頭鷹」是薇歐拉．麥克維德的暱稱，她在二〇一三年七月十三日這天，會是卅一歲。但沒有人會為她慶生；沒有人會去拉伯克公墓，在刻有她名字和兩朵玫瑰的灰色墓碑上獻花。除了她的姊姊麗莎．麥克維德以外，認識薇歐拉．麥克維德的人都死了。麗莎的前男友就是范恩．羅斯。而她也不能去上墳。麗莎．麥克維德目前不被准許離開她所居住的區域，要是她離開得太遠，塔台裡的警衛就會對她開槍。

麗莎．麥克維德記得妹妹遭到殺害之後的第一個冥誕。那一次，麗莎坐下來寫了封信給薇歐拉，告訴她，自己很愛她，很想念她，要是兩個人能夠一起慶祝她的生日就好了。她還寫下了她想買什麼生日禮物給妹妹：一個心形的黃金墜飾。

「那是我唯一想到可以送給她的東西；它就好像是她。她有顆善良的心。」

今年，麗莎沒有寫信給薇歐拉，她不再那麼做，也不再對妹妹說話。她還是天天思念妹妹，只是她不知道妹妹人在何方，是在地獄？還是天堂？雖然麗莎不太明白上天堂這件事要怎樣才能辦到，但她還是希望薇歐拉．麥克維德已經上了天堂。

「她還沒有認識上帝，就離開了人世。我最難過的事可能莫過於此。她現在應該在神的國度裡得到永生才對。」

在德州開了將近三小時的車，我來到了德州的蓋茨維爾，女性囚犯主要都關在這裡。這個州有八座女囚監獄，其中五座就是在蓋茨維爾。只不過，這裡不像亨茨維爾那樣，把監獄當成足以自豪的地方特色。蓋茨維爾市府網站提到該市人口自一九八〇年以來成長了兩倍，卻沒有提及人口加倍成長的原因是新增了大批女性囚犯；在一九八〇年代，蓋茨維爾全市一萬五千五百位居民當中，有九千人是女囚。市政府寧可在消息公告欄上說，蓋茨維爾「有全球最大宗的馬刺收藏」！卻不願意提到惡名昭彰、目前關了八位女性死囚犯的山景監獄（Mountain View Unit），就位在這裡。

這些被判處死刑的女囚犯包括：艾瑞卡．雪柏（Erica Sheppard），她在一九九五年搶劫殺害了一名年輕女性；金柏麗．卡吉爾（Kimberly Cargill），她把打火機機油澆在兒子的弱智保姆身上，放火燒死了她；梅麗莎．露琪歐（Melissa Lucio），她在二〇〇七年殺死了自己兩歲大的女兒；麗莎．寇曼（Lisa Coleman），她殺害了她女朋友九歲大的兒子；琳達．卡蒂（Linda Carty），她殺害了一名剛剛生完產的女性，並擄走了那個只有三天大的嬰兒；布瑞特妮．霍柏格（Brittany Holberg），她到一名八十歲的老人家家裡搶劫，並將他殺害；達莉．路提爾（Darlie Routier），她把自己三個小孩裡的兩個殺掉了；蘇珊娜．巴索（Suzzanne Basso），她在一九九八年綁架了一名五十九歲的智障男子，用棒球棒將他毆打致死。

我曾經寫信給上述八位女性，問她們是否願意接受我的訪談；她們全都拒絕了。德州刑事司法廳發言人傑森．克拉克說，和男性死囚相比，女性死囚犯比較不願意談論她們的處境。

這八位被判死刑的女性，和那些關在利文斯頓的波蘭斯基監獄裡的男性，待遇相同：被隔離在自己的牢房裡，不得與人互動。她們的個人用品必須全都裝進一個六公分寬、二十五公分深的抽屜裡。每個人只准有一本宗教經文、七個白色胸罩、經過核可的相片、一支手錶，如果她們已婚，可以留有一只婚戒。其他所有個人物品不是寄回家，就是銷毀。

但這八個人只是蓋茨維爾市全體女囚犯其中的一小部分。其他九千位身穿白色工作服的女犯人，在蓋茨維爾的日常生活，總的來說並不算太糟。在蓋茨維爾，沿路經常可以看到身上加穿了橘色反光背心的女囚，她們的工作是收集垃圾和拔除野草。唯一看得出來她們可能不是州政府員工的地方，是她們的旁邊豎立了很大的標示，禁止路過的車輛停下來讓人搭便車。她們身邊有武裝警衛陪著，在必要的時候，警衛有權對她們開槍。

我的車子在行政大樓旁停好時，一名穿著白色工作服的女性，微笑著歡迎我來到監獄。另一名也穿著類似白色工作服的女性，帶我去窗口辦理訪客通行證。艾倫．B．波蘭斯基監獄和這裡，兩相比較，不管是從表面上、還是從實際狀況來看，都大相逕庭。

在穿過了兩座圍籬、兩道門、兩個加了護欄的出入口和另外兩扇門之後，我和麗莎．麥克維德置身在同一個房間，見到了彼此。我轉頭小聲問警衛，這裡准不准我們握手？答案是可以的。和麗莎的前男友范恩．羅斯不同，麗莎．麥克維德可以和她的訪客進行有限度的身體接觸。畢竟，她只是被判了廿年徒刑，並沒有被判處死刑。我們的會面從握手開始，也在握手中結束。從頭到尾我們都受到監視。在會面的過程中，有個警衛進來又出去，另一個則是一直留在我們身邊。麗莎．麥克維德把頭髮捲成一個髻，她穿著白色工作服，但最上面一顆扣子並沒有扣上，她還戴了一條老式十字架項鍊。麗莎．麥克維德的脖子左側有個刺青，刺的是她妹妹薇歐拉的小名：「小貓頭鷹」（Hootie Bird）。

麗莎．麥克維德服刑的第一年是待在一個高度安全等級的監獄，後來才移送到這裡，克雷恩監獄（Crain Unit）；這座監獄是按照德州刑事司法部門第一位女性董事會成員克莉斯汀娜．梅爾頓・克雷恩（Christina Melton Crain）的姓名來命名。克雷恩監獄是德州最大的女子監獄，可以容納兩千零一十三名女囚，同時也被認為是比較好的監獄——可以說是比較仁慈的那種。它位在蓋茨維爾市郊外，旁邊有座桃樹林，前身是一八八七年初建造的一所男童學校，一九八〇年開始用來安置德州女性囚犯。

麗莎・麥克維德手腕上戴著黃色塑膠手環，這表示她隸屬於「受到信任的群體」；這個群體是由那些被認為表現良好、沒有暴力、也沒有逃亡風險的囚犯所組成，她們因此被授予更多的自由。她們每天無薪工作七小時，大部分是做清潔工或園丁。麗莎・麥克維德已經當了四年的電工，儘管她說自己剛來的時候，根本對電學一無所知。她們全都住在一個大宿舍裡，裡面的房間，還真的很像電視影集〈勁爆女子監獄〉描繪的那樣，只是這裡每個女囚犯都有自己的房間。但麗莎・麥克維德並不知道她的獄中生活和時下當紅電視影集有什麼雷同之處，因為監獄裡並沒有 Nexflix 那樣高檔的電視頻道可看。

「這裡沒有現代化的便利。我連怎麼發簡訊都不會。」她一邊說，一邊小心拘謹地笑著，用手指著我放在她旁邊桌上的錄音機，她以為我帶來的錄音裝置是手機。

她和我同齡，我們兩個出生在同一年，出生日恰好相隔十個月。我生在年頭，她生在年尾。

但是，我們一個住在瑞典西約塔（Västgöta）的平原小鎮，一個住在美國拉伯克最貧窮地區的公寓，人生故事也就截然不同。原本應該照顧麥克維德家中小孩的長輩，絕大部分時間都花在買賣毒品上，麗莎．麥克維德和妹妹薇歐拉很早就被清楚告知，她們應該要幫忙毒品生意。麗莎年紀還小的時候，她的弟弟被車子撞死。她在十四歲時懷孕，十五歲生下了自己的女兒。隔年她再次懷孕，這回是個兒子。當她十七歲時，母親過世。麗莎．麥克維爾身為兩個孩子的媽，就和妹妹在拉伯克環境最惡劣的街區上販賣古柯鹼。

「沒錯，這就是人生。不過，我不想讓人覺得我都是在怪別人，自己完全沒錯。」她說，「我現在會在這裡，是因為我自己造成的，不是別人的錯。」

麗莎．麥克維德十八歲那年因為持有古柯鹼被捕，在短暫服刑之後，獲得了假釋。十九歲時，她遇上了大她九歲、來自密蘇里州聖路易斯市的建築系學生范恩．羅斯，她瘋狂地愛上他。

「他和我以前交往過的男人都不一樣。他不是罪犯，沒有任何前科記錄。」

知道范恩．羅斯以前的確犯過罪以後，她改了口。

「哦，好吧，至少他以前沒有和我提過。我跟他說我因為賣毒品正在假釋中，他說他不在乎。但是，他從來沒有說過任何有關他刺了自己前女友十七刀正在假釋的事。」

他們在一起一年。她形容那是她人生當中的一段美好時光。

「後來我聽到各式各樣和范恩有關的傳聞，什麼他是薇歐拉的皮條客、他負責買賣毒品之類的，但那全都不是事實。我在遇見他以前是在賣古柯鹼，但我們在一起之後，我就沒賣了。他殺了我妹妹，奪走我生命中最寶貴的東西，但直到那天以前，他真的都對我很好；范恩讓我遠離了毒品。」

二〇〇一年一月卅日那天一開始似乎只是個平凡的日子，只是，她的妹妹比平常更加興奮。因為，薇歐拉．麥克維德正在坐牢、即將獲釋的男朋友，在她上次去監獄探望他時，向她求了婚。他們打算在兩週之後的情人節那天結婚。

「薇歐拉的人生處在一個她想讓一切就序的階段。那天，她叫我一定要幫她這個、幫她那個；她想考駕照、想回學校唸書、想找份工作。我借了范恩的車子，我們開著車來來回回處理了一些事。」

大約中午時分，麗莎和薇歐拉一塊開車去和范恩．羅斯吃午餐。麗莎回憶道，圍繞在她妹妹和她男友范恩之間的氛圍，和平時並沒有兩樣。有點兒鬥嘴，但並不沒有不愉快。范恩嘲笑了薇歐拉、薇歐拉也回敬回去；大部分是說范恩比她矮這類的事，因為薇歐拉知道這是范恩的痛處。麗莎．麥克維德在這過程中並沒有介入。

吃完了午餐，姊妹倆開車送范恩．羅斯一程，他離去之後，薇歐拉轉頭對麗莎說了幾句麗莎永遠難以忘懷的話。

「姊，范恩可能就是妳和妳小孩需要的那個人吧？他可能可以讓妳不再碰上麻煩事兒。」

麗莎．麥克維德聽了，對妹妹微笑，然後繼續去辦事。等她們把事情辦完了，麗莎．麥克維德載薇歐拉回到她們和祖母一起住的家，她把她兒子接出來，母子倆再一起去接范恩．羅斯，然後到他家共度夜晚時光。他們一起做晚餐、吃飯，氣氛安逸。這時電話響起，是她妹妹打來的。原來，薇歐拉後來外出，遇到了麗莎的昔日男友，那人想和麗莎聯絡。兩姊妹交談了一會。當麗莎掛上電話，看到范恩．羅斯變了臉，那股怒氣，她以前從來沒見過。

沒多久，薇歐拉又打電話進來，說她現在正和一個「想要找人陪」的老男人在一塊兒。薇歐拉．麥克維德問麗莎，她上一通電話是不是讓范恩．羅斯很生氣？麗莎說是。薇歐拉接著問麗莎，要不要她和那個老男人過來，接她走？麗莎說好。這時，范恩．羅斯從她手中搶過電話，要薇歐拉以後別再打電話來了。麗莎．麥克維德就站在范恩．羅斯旁邊，聽著她在這世界上最愛的兩個人又開始吵起來，但這一次並不是什麼小口角，兩個人都非常憤怒。

麗莎．麥克維德心裡明白，那個晚上毀了。當她聽到自己的男友和妹妹在電話中相互要脅對方，她就把自己和兒子的東西收一收，牽著兒子的手，在晚上十點鐘離去。

她本來打算走路去找住在幾條街區遠的父親。但一月的天氣實在太冷，她四歲大的兒子央求她。

「媽媽，叫他來載我們啦，太冷了。」兒子說。

麗莎．麥克維德和她兒子回到范恩的公寓時，通話已經結束，咆哮也停了。她告訴范恩．羅斯，說他的表現很幼稚。她沒有要他載他們母子回家，只問她能不能用電話。范恩同意了。然後她打電話到祖母家，只是祖母和妹妹都沒有來接電話。然後她看到范恩．羅斯戴上了一付白色塑膠手套，她想兩人之間一時也沒什麼好再說的，得等到第二天上午再來解決。

「他畢竟是學建築的，戴塑膠手套沒什麼奇怪。他經常會拿著怪怪的東西走來走去；手套、素描、熱熔膠槍之類的。」

她走到附近一個鄰居家門口，敲了敲門，問能不能借她電話用。這一回電話打通了，她的爸爸接起電話，只是他很遺憾地跟她說，他把自己的車子借給了別人。於是，麗莎．麥克維德抱起四歲大的兒子，頂著刺骨寒風，走路到她爸爸家。當她抵達時，她再試著打電話給妹妹，想告訴她自己當晚會待在爸爸家裡，只是，電話一直沒人接。她又試著打電話給范恩．羅斯，想跟他說同樣的事。

他也沒有接電話。

二〇〇一年一月卅一日，麗莎睡醒後，一股不祥的念頭浮現出來，她感覺到有什麼事情不對勁，雖然自己說不上來，但就是覺得出了什麼事，而且是很嚴重的事。她去找爸爸的女友，向她借了點錢，好讓她可以搭公車回到她和薇歐拉還有祖母一起住的家。

「我進到妹妹的房間，所有的擺設都和前一天一模一樣。床是鋪好的，她燙了些衣服，熨斗還沒有收起來。所有事物看起來都像是她只打算出門一下，很快就會回來。」

麗莎．麥克維德開始到處打電話給她的朋友，問他們有沒有見到她妹妹。房裡的電視開著，突然，地方新聞播報出消息說，在一個山谷裡發現了兩具屍體，死者的身份尚未確認，但此案涉及一名黑人女子和一名白人男子。麗莎．麥克維德感覺到自己的心慢慢往下沉。她打電話給范恩．羅斯，他說他正忙著和朋友說話，晚一點再回電給她。她求他聽她說話。

「我說，『拜託你，這件事很重要。我妹妹昨天打電話給你的時候，她最後是用哪個電話號碼撥的』？范恩查看了他的來電顯示，說來電者姓名是道格拉斯．伯索爾。我告訴他，有人發現了兩具屍體，我也告訴他，我一整天都沒辦法聯絡上小貓頭鷹，我要他開車載我去那個山谷。他就說，他幾分鐘內就會到。」

結果，范恩．羅斯在一個多小時之後來接他的女朋友。在等他的那段時間，麗莎．麥克維德打電話到警察局報案。他們一開始只是按一般流程回應說，她必須等廿四小時，才能通報她妹妹失蹤，但後來麗莎告訴警方說，她最後一次見到薇歐拉．麥克維德之後，薇歐拉是和一個老男人在一起，警方突然就准許她通報妹妹失蹤一事，立即成案。警方仔細聆聽她描述妹妹身上的刺青細節。

當范恩．羅斯最後到了她那裡，她要他開車送她去發現屍體的現場。電視播報的有關消息一直都模糊不清，只說那兩具屍體是在峽谷湖路上發現的。

那是一條沿著河流的雙向道路，高速公路有兩個出口通向那條路。范恩．羅斯在第一個出口打了方向燈，但麗莎．麥克維德要他走第二個出口，結果走錯了路。後來他們看到一輛警車經過，她叫范恩跟著警車走。那輛巡邏警車走的是第一個出口，領著他們直接到達道格拉斯．伯索爾的紳寶汽車那裡。

「這樣的細節，我一直到很後來才想起來；范恩認得那條路。我當時沒有想到這點，但他認得路。如果我沒有叫他走第二個出口，他就會在第一個出口轉彎，然後直接帶我到犯案現場。他認得那條路。」

當他們把車停好，下了車，就看到警方有條不紊地繞著那輛紳寶汽車檢查。麗莎．麥克維德和其中一名警員說話，那名警員自我介紹說他是道格．普克特，然後麗莎把事情重述了一遍，同時描述了妹妹背上和大腿兩側的姓名刺青。警方叫麗莎．麥克維德和范恩．羅斯先回去，說要是有任何消息，就會通知他們。

她說她是如何難受地一直哭了又哭，而范恩·羅斯一直都陪伴著她，把手放在她的膝蓋上，安慰她，說一切都會沒事的。那天晚上，警方到家裡來告訴他們，確認薇歐拉·麥克維德就是其中一名被害者，范恩·羅斯也開始哭了起來。

「他一整晚都在那裡陪著我，在我的身邊哭著。他安慰我，向我保證他絕對不會傷害我，所有的事情都會雨過天青。」

麗莎·麥克維德在震驚之餘，仍試圖釐清到底發生了什麼事。她問范恩·羅斯，妹妹和他爭吵之後，有沒有再打電話給他？他說沒有。她問，妹妹後來有沒有來這裡？他說沒有。她傷心哭泣，他不斷安慰。

深受打擊的麥克維德家，開始籌辦十八歲的薇歐拉的葬禮，他們很感激麗莎的男友提供的支持和協助。當警探道格·普洛特在幾天後來告訴他們說，警方認為范恩·羅斯就是凶手，大家的反應非常激烈。麗莎·麥克維德的爸爸生氣地跟警方說，他們一定抓錯了人。麗莎則是震驚不已。最後，警方說，他們在范恩·羅斯住家附近找到了謀殺案發現場，而且他穿過的一件毛衣上頭沾有道格拉斯·伯索爾的血跡，紳寶汽車裡的一小片塑膠手套，也驗出了范恩·羅斯和道格拉斯·

伯索爾的ＤＮＡ。

「我根本說不出話來。在那當下，我了解到愛與恨之間，就只是一線之隔。前一刻，我還深愛著范恩；一瞬之間，我恨他入骨。」

警方認為有人協助范恩．羅斯犯案。有很長一段時間，他們懷疑那名共犯可能就是麗莎．麥克維德。

「那實在是讓人痛心。認識我和我妹妹的人都知道，我絕不可能做出任何傷害她的事。我不知道范恩有沒有同夥；他在拉伯克有很多朋友，他有個前任女友，但他自己的體能也一直都保持得很好。從峽谷湖路回到范恩家，要走大約五．六公里，我覺得他不是辦不到，只是警方認為那不可能。不過，有一件事我可以向妳保證，如果那天晚上我也在那裡的話，小貓頭鷹和我現在都會死；因為我會拼了命保護她。」

她認為，范恩殺人的動機是出於嫉妒，他嫉妒她和妹妹關係親密。她告訴我，范恩有時候會談到他自己的家人，說他們並不親。他母親和他姊妹們的關係，比和他親近得多，家裡的孩子除了他以外，都和原本的生父有聯繫。麗莎相信，范恩無法接受在她生命當中還有人比他更重要這個事實。這股衝著薇歐拉而生的怨恨感，累積了很長的時間，在那個命中註定的夜晚，嫉妒讓他失去了理智。

我問她是不是認為，薇歐拉和道格拉斯·伯索爾來接她的時候，他們是把車子停在范恩·羅斯住家旁邊的巷子裡？她開始哭了起來。為了這次與我會面，她精心畫了眼妝，用了三種深淺不同色調的綠色和金色眼影，還上了黑色眼線和黑色睫毛膏。現在她淚如雨下，眼淚汨汨地流滿了臉頰，弄花了她的臉。她任由淚水奔流，繼續說下去。

「對，這麼多年我一直都有罪惡感。我相信，她是從我的聲音察覺到我很害怕，才會想要過來接我。她想要來解救我，而我卻救不了她。我們所有的事情都一起分享，我妹妹和我，每一件事。她死的時候心裡一定非常害怕，而我卻不在那兒。我為此感到萬分內疚；那一定是她一生當中最可怕的經驗，而我卻不在那裡。她經歷了那樣的夜晚，而我卻不在她身邊，一想到這我就覺得很可怕。」

接下來，她談到了自己有一段時間，可以說是受到了相當不愉快的關注。麗莎·麥克維德形容有一家嗜血的新聞媒體，熱衷地報導一個曾經販過毒、沒有受過什麼教育的十八歲黑人女性，據傳，她和一個五十三歲、高薪階層的圖書館館長，共處一車。

「他們寫了很多與事實不符的事。例如，道格拉斯·伯索爾那天晚上有沒有付錢給我妹妹要她去陪他？是有可能。但是沒有人去質問，為什麼一個受過良好教育的五十三歲男人，會去剝削一個七年級就輟學的十八歲女孩？他們稱薇歐拉是妓女，卻沒有人把焦點放在那個男人的身上；所有的一切都是怪罪於她：那個黑人醜妓女和那個白人好男人。我被迫在法庭上作證，答覆我妹妹賣身有多頻繁的問題。那真的很可怕，惡夢一場。而在我面對這些令人生厭的問題時，范恩·羅斯就在法庭上坐著，靠我非常近，我真想狠狠地揍他。」

審判進行時，當庭曾經播放了一段范恩·羅斯在他被捕當晚，從看守所打電話給他母親的電話錄音內容。他的母親非常沮喪，在電話裡問范恩，到底有沒有幹下警方指控他的事？

范恩·羅斯的回答是：「可能有。」

這樣的回答讓他媽媽更難過，說他應該知道自己到底有沒有殺人。范恩·羅斯閃爍其詞地說，他不知道。

「我在法庭上看著他母親，從她的臉上看到了痛苦。我自己也有兒子，我試著想像如果我是她，坐在在那兒，領悟到自己創造出了什麼樣的人，那個她一手帶大、深愛的人。我很明白那一定非常痛苦，但於此同時，我也感受到無比的痛苦。我受傷極深，也痛恨范恩極深。我只想讓他和他的家人經歷和我們一樣的痛楚。我坐在那裡，恨意不斷加深；我什麼也不想要，我只希望范恩·羅斯因為殺害我妹妹而被判處死刑。」

范恩·羅斯被判了死刑。但麗莎·麥克維德並沒有因此得到她所希冀的平靜。當法官宣布，她的前男友將為他對她妹妹和道格拉斯·伯索爾的所做所為付出死亡的代價時，麗莎·麥克維德只覺得一片麻木。在宣判過後，記者簇擁著她，問她有什麼感想。她說，這項判決不能讓她妹妹死而復生，她很同情范恩·羅斯的母親。

記者散去。范恩·羅斯消失了。她的悲痛卻長存下來。一切對她都不再有任何意義。妹妹死了，她覺得這都是她的錯。一名提供證人協助服務的女性，潘·亞歷山大（Pam Alexander）主動和麗莎·麥克維德聯繫，表示想要幫助她。但麗莎沒有回應。是她把范恩·羅斯帶入她的家庭，她覺得，如果不是因為她，妹妹現在可能還活得好好的。

「我沒辦法保持清醒。我又開始賣古柯鹼。然後我遭到逮捕，第二次入獄服刑。」

那一次，她被判四年有期徒刑。這是目前美國待在監獄裡的廿一萬五千名女性囚犯的平均刑期。女性囚犯是美國成長最快速的人口群，自一九八〇年美國政府決定要對藥物嚴加管制以來，女囚人數足足成長了六倍。只不過，當時的從嚴懲處，對那些有權有勢的幫派頭子，並沒有起什麼作用，受影響最大的，反而是那些染上毒癮、為了有錢嗑藥所以才幫忙販毒的可憐女性，她們屬於毒品供應鏈的底層。美國百分之九十的女囚是因為非暴力犯罪而被判刑，通常和毒品有關。其中百分之八十五的女性囚犯，曾經遭到伴侶性虐待或性侵害；她們之中完成中學學業的幾乎不到三分之一。其中十分之四的人，在犯罪當時，是受到了某種藥物的影響。光是在德州，每年就有一萬一千名女性坐牢。其中三分之二的女性囚犯是黑人或拉丁美洲裔，百分之六十的人在童年時期被嚴重忽略。

麗莎．麥克維德吻合上述絕大多數情況。她第二次被判刑之後，入獄服刑，兩年後獲釋。

「但那時候，我又和一個錯誤的對象在一起，那個男的真的很壞，於是我又再販毒了。」

警察上一次逮捕她的時候，她持有廿八公克的古柯鹼，黑市價格約值三千美元。因為這是她第三次違法被捕，判刑比前兩次重非常多。麗莎．麥克被判廿年有期徒刑。

「我最後一次見到我爸爸，是在我轉來這裡以前，他狠狠地說了我一頓。他病得很重，有腎臟方面的問題，而且他很絕望。他說，『麗莎，妳必須原諒自己才行。妳應該原諒范恩．羅斯，但最重要的是，妳一定要原諒妳自己』。」

她還說，她的父親可以怎樣預見到她未來的人生；他眼看她愈陷愈深，他想拉她一把變得越來越困難。爸爸告訴她，他很怕終有一天她將無路可走，很擔心她會死掉。最後，他對女兒說：「他走進了妳的生命，妳怎麼可能知道那會對我們家造成什麼影響。那不是妳的錯。」

當她重複父親最後對她說的那番話時，她又哭了起來。她的父親在那之後，沒有多久就過世了，麗莎再也看不到他了。

「監獄牧師來告訴我，我的父親已經過世了。我沒能夠參加他的葬禮，我到現在都不能去他的墳上看一看，對他道別。」

她的父親走了，但是他的話語一直留在她心裡。這些話，撐開了一扇門，讓她面對自己多年來不敢去面對的事。她在監獄裡來回走著，把自己應該做的事做好，同時，她也看到那扇門虛掩著，那扇通往寬恕的門。她一遍又一遍地盯著那扇門，直到有一天，她受夠了，決定把門完完全全地打開。

「我去找監獄牧師，說我需要幫助。我說我想要原諒范恩，但最重要的是，我想要原諒我自己。」

她形容自己如何聽到了上帝的聲音，告訴她放手。放下羞愧、內疚，放下怨恨。她按照上帝的話做了。

「那一天，我感受到真正的解脫。有個包袱從我的肩膀上落了下來。突然間，我自由了。我沒辦法用別的方式來解釋，但我知道，一切都會沒事的。」

截至現在，她已在這裡待了六年七個月。每天早上她從自己這個灰色房間的床上醒來，這裡裝飾著照片，有的是她孩子的，有的是她父母的。其中有一張掛在牆上的照片，是一個特別打扮過的小女孩，她穿著一件過大的藍襯衫，頭髮用另一件襯衫包著，還把一隻長襪子綁在腰上當腰帶。小女孩看起來很開心。

「那是我最喜歡的一張薇歐拉的照片。我們小時候很喜歡玩打扮遊戲。那是我們最愛做的事。」

自從她轉到克雷恩監獄以後，就比較少看到她自己的孩子了。麗莎．麥克維德說，二〇一三年三月，是他們在她入獄後第一次來看她。她的孩子現在和一個親人同住。她又再次淚水滿眶。她說，如果薇歐拉還活著的話，保證她的孩子們一定會更常來看她，即使每趟路程有四百八十公里遠也一樣。緊接著她立刻改口說，要是薇歐拉還活著，她相信自己根本就不會在這裡，她們會彼此幫助對方脫離困境。而現在，她必須自己靠自己。因為妹妹已經不在了。

麗莎告訴我，她開始讀書了，而且進步得很快。因為成績很不錯，德州科技大學還給了她一筆獎學金，那所學校正是以前范恩．羅斯就讀的，也是道格拉斯．伯索爾任職圖書館館長的大學。她希望自己可以在一年多以後得到假釋，到時候，她想搬回拉伯克，然後去大學唸護理課程。提到獎學金時，麗莎．麥克維德臉上泛起了微笑。她說，她想重新開始；為她自己，也為她從來沒有得到過機會的妹妹。

今天，是「小貓頭鷹」薇歐拉．麥克維德的卅一歲冥誕。奪走她生命的范恩．羅斯再過五天就會死去。生日和死刑，都在這一週。

「我是在偶然之間，得知他即將被處死的消息。當時我正在清理一個辦公室，有個獄警正在教另一個獄警如何使用電腦系統查看哪些人是死刑犯，我告訴他們，有個我認識的人就在死囚監獄裡，那個人殺了我妹妹。」

獄警問她死刑犯的姓名，然後把「范恩．羅斯」輸入電腦，好讓另一位獄警了解相關的搜尋功能。那時，麗莎．麥克維德就站在幾步遠的地方；接下來，整個房間頓時陷入一片死寂。

「最後，那位獄警終於開口說道，在他的名字旁邊有個日期，那意味著他的死刑日期已經敲定了。」

她說，在得知范恩．羅斯即將死亡的消息之後，她有想過，是不是要寫封信給他，告訴他，她已經原諒了他對她妹妹、對她和她的家人所做的事。但最後她決定不要寄這封信。

麗莎．麥克維德或許已經原諒了范恩．羅斯，但她不覺得有必要告訴他這件事。她說，畢竟，他們兩個人永遠不會再見面。

「范恩會下地獄，我不會；我有重生的機會。」

還剩四天
Four Days Left

7/14

范恩．羅斯（編號 999429）

01：00　睡覺
05：00　在床上睡覺
06：30　掃除
10：30　睡覺
15：00　掃除
17：30　在水槽裡洗衣服
21：50　坐在床舖上
22：00　戴著耳機坐在床上
23：30　站在門邊說話

我眞的很抱歉讓你們得承受這些。我無法想像失去兩個孩子的感受。如果我是你們的話，我會把自己殺了。你們知道嗎？我眞的很對不起你們，眞的。姊姊，我得走了，我愛妳。你們多多保重，上帝保佑你們。葛瑞絲很美麗，蒂芬妮也很美麗。你們的女兒很可愛，我很抱歉。我不知道該說什麼。好吧，典獄長，動手吧。

丹尼斯・杜西特（Dennis Dowthitt），
二〇〇一年三月七日伏法

她們共同失去了一個人。但她們的悲痛，卻像白天和夜晚一樣，截然不同。坐在我對面的兩位女性中的其中一個，還是很憤怒，另一個還是悲傷。

她們眞正意見相同的只有兩件事。

第一件事是，那個男人殺掉了一個她們都深深愛著的小女孩，而且他也偷走了她們的人生。

第二件事是，當那個殺人凶手終於死了，一切都不再一樣了。

＊＊＊

時間是一九八七年。

地點在德州的布萊恩市（Bryan, Texas）。

小女孩的名字是康蒂・寇特蘭（Kandy Kirland）。

她九歲大，和爸爸、繼母、弟弟住在一起。

她的父母在幾年前離婚，雙方同意把孩子們留在爸爸身邊，媽媽則是搬到另一個城鎮工作。在一九八七年的德州，那樣的安排很少見，雖然看起來那位母親或是父親都不覺得有什麼問題，但那樣的安排在接下來的日子卻對他們造成了重大的影響。

一九八七年五月十二日，星期二，校車像往常一樣，在下午三點四十五分，轉進了鹿徑路（Deer Trail），停在三二一〇號的屋子前。

康蒂・寇特蘭從車上下來，校車司機關上車門，然後開走。女孩的繼母那天先去過學校跟她說，她會帶康蒂的弟弟去看醫生，她告訴康蒂如果發現她不在家的話，家裡的鑰匙和以前一樣，放在石頭下面。

當她的繼母在四點剛過不久回到了家，發現前門是開著的。康蒂的書包還在台階上，只是怎麼樣也找不到康蒂．寇特蘭。警方毫無頭緒。

「一個小孩被綁架了，……那種事以前從來沒發生過。布萊恩市在那年以前，還曾經被稱作是全美國最安全的城市之一，整個社區都為之震驚。」康蒂．寇特蘭的媽媽，珍．布朗（Jan Brown）這麼說。

她是在那天晚上八點鐘，接到她的前夫約瑟夫．寇特蘭（Joseph Kirland）電話後，得知她的女兒還沒有回家。珍．布朗告訴約瑟夫．寇特蘭，她會立刻開車去他家，但她前夫說，警方比較希望她待在她家裡，以防小女孩是逃了家，想去媽媽那邊。

珍．布朗的角色很快地從一個擔心的母親轉變成犯罪嫌疑人。

「當天我有不在場證明，我和一群人在另一個城市一直待到下午四點半，所以我不可能開車去接她，但警方還是懷疑我，因為康蒂的監護權是屬於她爸爸的。他們認為我有可能因為不想讓康蒂跟她爸爸住，把康蒂藏在某個親戚家裡。他們不接受我們雙方早就同意在監護權方面做這樣安排的說法。」珍．布朗說。

她告訴我她和她前夫的故事，說他們兩個決定彼此都不想再住在一起了，但是他們也不希望孩子們痛苦。他們竭盡全力不在孩子面前爭吵，試著在週末和日常的行程做好安排。你進一點、我退一點，彼此相讓。她說，在整個離婚事件上，他們做到了好聚好散。他們萬萬也沒有想到，這可能會引發任何問題。

「康蒂失蹤之前的那個週末，是在我那裡；雖然那一週原本並不是輪到我。但隱隱約約之中，我有一種感覺，解釋不出來，只能說是某種很奇怪的、屬於母親的直覺。我就是覺得，很想在那個週末和孩子們在一起。」

她打電話給她的前夫，問是不是能讓孩子們再多待一個週末。他回覆說，那個週六他們要去參加合唱團演唱，孩子們都很想去；而這對父母像以前的慣例，他們彼此讓步。孩子們在週五、週六去珍．布朗那裡，然後再讓他們回去和前夫度過週六和週日。她帶兒子和女兒去錄影帶出租店，租了一部電影〈真善美〉；他們開車回家以後，一如往常地在自己的老位子就定位。兒子大剌剌地在躺椅上伸長了腿，康蒂窩在沙發上，她自己則是靠著沙發坐在地板上，坐在兩個人之間的角落裡。

「康蒂把她的腳伸到我的面前，我一隻手搔搔兒子的頭，另一隻手搓揉著康蒂的腳。電影播到一半，我看著她的腳，有個念頭突然冒了出來，我記得當時想的是，『如果有一千隻腳在我眼前，我能不能認出來哪個是她的』？當我確信答案是否定的時候，我覺得很奇怪，自己竟然沒辦法認出自己女兒的腳。所以我坐了起來，看著她的腳好一陣子，想要記住它，電影都沒認真在看。」

週五過去，週六當天，珍．布朗開車帶孩子們去他們爸爸家，一點也不知道這將是她最後一次看見女兒。三天後，女兒失蹤了。珍．布朗形容，日子就像人間煉獄。

「第二天，我開車到布萊恩市，和調查這個案子的警員見面。他一開始對我很好，但是全家人都必須接受測謊，以排除嫌疑。我們有個很熟的律師朋友，在康蒂還沒失蹤的不久前，剛好提到了所謂的『米蘭達警告』（Miranda Warning），那是指警方在法律上有義務告知被拘留者的權利，你有權保持沈默，也有權取得法律協助。那位律師朋友當時講到了一句話，『絕對不要聲明放棄自己的米蘭達權利』。結果，就在我們討論米蘭達警告之後沒幾天，我就來到警察局。女兒失蹤，我其實完全嚇壞了，還要進行測謊。那個負責做測謊的人拿出了一張紙，要我在上面簽字。」

那是一份法律文件，要珍．布朗聲明放棄自己的米蘭達權利。律師朋友的話，這時候在她的腦中響起。

「我冷不防冒出了那句話，『一個人絕不應該聲明放棄自己的米蘭達權利』。那個警察的臉沉了下來。他一拳重重地敲在桌上，手指向門，要我出去。」

心碎的珍．布朗打電話給當地的聯邦調查局辦公室負責人，告訴他發生了什麼事。那位負責人就打電話給警察，讓她可以回去進行測謊。珍．布朗說，面對同一個警察回答問題時，她嚇得要命。測謊的結果顯示，珍．布朗有可能知道她女兒的下落。

「我的父母住在路易斯安那州，我的大兒子住在亞歷桑那州，我的女兒安琪兒住在休士頓。警方懷疑，他們其中可能有人和我共同涉案，是我們帶走了女兒，這樣她就不能和她爸爸住在一起。」

她搖了搖頭告訴我，後來這些年，她很多次在內心深深地希望，事情真的如他們所說的那樣，真的就只是關於她和她前夫之間的監護權之爭。可是事實卻遠比這更糟。

「我真的、真的以為我會發瘋，會整個人完全精神錯亂。警方對我窮追不捨，而我想到的全都是她。事情發生一天之後，我想她一定餓壞了，不知道她有沒有任何東西可以吃。一個星期之後，我想到她的內衣，她一整個禮拜恐怕都穿同一條內褲。我不知道為什麼我會特別想到那樣的事，但康蒂以前一直都很在意每天更換自己的內衣，要是我忘了，她就會提醒我。兩星期之後，我已經不抱希望，我只是在想，不知道是不是有人會在她害怕的時候抱著她、安慰她。我只求那樣；有人可以在她哭泣的時候擁抱她。我幻想著，在那種時候，有個老太太和她在一起，安慰著、抱著她。」

康蒂．寇特蘭的照片張貼在全市各地。布萊恩當地的每個人都加入協尋，只有一個鄰居除外，她在事發時就已經到別處去了。在康蒂失蹤十天之後，她回到家裡，一聽說發生了這樣的事，立刻打電話給警方。那名女性告訴警方說，就在康蒂．寇特蘭失蹤之前的幾天，有個怪男人造訪過她家，那個人上門來是想要買一件傢俱。她形容他「體型非常龐大，鬍子沒刮，而且很臭」。她估計他的體重將近一百八十公斤，還說他的行為舉止很令人討厭。她記得他臉部的每個細節，也在警方要求下前往警局，協助素描專家畫出一幅嫌犯的面部圖像。

當警方在附近鄰里貼出素描畫像之後，好幾個鄰居都表示說他們在康蒂失蹤案發生前幾天，看過同一個男人。他去過一個鄰居家看小貓，說他想讓他九歲大的女兒養一隻貓。最重要的是，康蒂失蹤前八天，他曾經去過她家，那一次是康蒂的父親貼出廣告要賣噴槍，那人來和康蒂的爸爸談，最後雙方因為價格並沒有談攏。那個人來的時候，康蒂也在家裡，她爸爸記得那個人看到了她。

警察透過媒體公布了嫌犯畫像，結果不到一個小時，就有人打電話來。和警方聯繫的男子說，那幅畫像看來很像是詹姆士．奧圖．埃爾哈特（James Otto Earhart），一個四十四歲的舊貨商，他和他母親同住，住家離布萊恩警局六個街區。警察前往他家查看時，他並不在家。警察問旁邊鄰居，他們說，有一陣子沒有看到他了。他們進入屋裡，找到了有關小女孩失蹤的新聞剪報，和一本書捆在一起。

根據車輛的資料，詹姆士・奧圖・埃爾哈特有一台卡其色的一九七六年雪佛蘭汽車。警方針對那輛汽車發出全面通緝，一家車商告訴警方，有個自稱名叫喬治・史蒂芬的男子，幾天前開了他的雪佛蘭汽車來，要求交換買賣。車商賣了一輛一九七五年份的 Oldsmobile 汽車給他。警方拿出詹姆士・埃爾哈特的照片給那位車商看，結果確認就是那個自稱是喬治・史蒂芬的男人。車商說，他是一個人來的，沒有小女孩跟著他。警方扣押了那台雪佛蘭，徹底搜查全車，找到了符合康蒂・寇特蘭血型的血跡。

一九八七年五月廿六日凌晨兩點鐘，康蒂失踪了兩個禮拜之後，警官在亨茨維爾市郊的山姆・休士頓國家森林區巡邏時接到電話，說有個身形龐大的男人把他的 Oldsmobile 汽車停在公園裡，他的車門敞開來，人在裡面睡覺。警察開車過去查看車牌號碼；正是詹姆士・埃爾哈特的車。警方將他帶回去偵訊，他承認自己在兩週前遇見康蒂，也載了她一程，但他否認自己殺害了她，還說他不知道小女孩下了他的車之後發生了什麼事。

警方找到詹姆士・埃爾哈特的同一天，有人發現了令人毛骨悚然的事。那天是星期二，一名男子在他幾乎每天必經的路上遛狗，有一股他在前一週就注意到的難聞氣味，在過了一個週末之後，變得更加惡臭。於是他決定走向發出惡臭氣味的來源處，一探究竟。以前那裡是個露天電影院，現在是人們丟垃圾的地方。結果他在一堆袋子當中，看到了一只白色的網球鞋，鞋裡有一隻小小的腳露了出來。

「她是在下午被人發現，晚上九點五十分，電話響起；是調查失蹤案的FBI探員打來的。他告訴我，『珍，我們找到她了。』我出於本能的回答說，『我馬上來。』但他只說，『不，妳不要來。』於是我知道，她死了。我設法擠出話來，說我想去指認她，但他告訴我，屍體狀況很糟，他們必須用別的方法確認她的身分；他是想在新聞播出這個消息之前，先讓我知道她被找到了。我們掛了電話。沒過幾分鐘，果然就看到新聞報出來說我女兒被殺害了。看到那則報導是我經歷過最慘的一件事。我記得，自己站起身來，走進臥室，面壁站著，哀嚎。然後我打電話給警方，再次要求去看她。他們只給我看了一張我女兒的腳的照片。那是她失蹤以前，我們最後共處的那個晚上，我設法記住的同一隻腳。」

屍體解剖結果確認，九歲的康蒂．寇特蘭，雙手被綑綁在背後，後腦勺中槍身亡。驗屍官說那擺明了就是槍決。

在詹姆士．埃爾哈特的車子裡，找到了一把點二二口徑手槍和子彈，和射殺康蒂．寇特蘭的是同一款槍枝。汽車裡的電線也和用來綑綁她身體的電線很類似。警也發現，車內有件毛衣，上頭的血跡和康蒂的血型相同。

陪審團一致同意。

判處死刑。

「當他們說子彈相符、他車子裡有我妹妹的血跡，我認為，那就夠了。那時候我就很清楚，他一定得死。」珍·布朗的大女兒安琪兒·寇特蘭說。

在她母親敘述自己的故事時，她沈默了很長的時間。現在她也想說話了。她告訴我，她比妹妹大十一歲半，所以打從妹妹一出生，她就像一個小媽媽。

「我愛她極深。她是我的妹妹加女兒，二合一。康蒂失蹤的時候，我懷孕八個月。她失蹤的那幾個星期，我以為我會流產。我流過兩次產，很清楚悲傷和擔憂會導致另一次流產。在我清醒的每一分每一秒，我既擔心我的妹妹，也擔心我肚子裡的寶寶。」

詹姆士·埃爾哈特在十二年後遭到處決。那十二年，對這兩位女性的影響非常不一樣。安琪兒·寇特蘭的寶寶保住了。但是在孩子成長的過程中，這位母親充滿了憤怒；對人生憤怒，更對詹姆士·奧圖·埃爾哈特憤怒。

「我懷著恨意過了十二年，變得過度保護自己的孩子。我從不讓他們去別人家裡玩，如果有人想和他們玩的話，只能來我們家。」安琪兒．寇特蘭說。

她表示，對埃爾哈特的種種想法，佔據了她整個人。她的女兒因此變得沮喪，悲傷也傷害了全家人。

「我花了十二年的時間顧慮這個男人、害怕他。他是禽獸，是惡魔。我好怕有什麼事會發生，讓他的上訴案通過，那樣他就會被放出來。我一心一意要他死掉。」她說道。

珍．布朗一邊聽著女兒描述那幾年在精神廢墟中度日的種種，一邊擦掉臉上的眼淚。她對執行死刑前發生的事情，記憶倒是有些不同。那一段時間，珍．布朗並沒特別去想詹姆士．埃爾哈特死了沒有，她只想去死，結束自己的生命。雖然她女兒安琪兒和安琪兒的兩個兄弟都還活著，但是，她覺得世界上已經沒有一件事情有意義了。

「康蒂過世以後的第一個夏天，我就決定自我了斷。我的痛苦不僅塞得滿滿的，而且，我知道，我根本沒辦法讓痛苦消失。所以我決定自殺。但是，我不知道是瘋了還是怎樣，竟然希望我最小的兒子祝福我，想聽到他說，就算我從這個世界上消失了，他還是會過得好好的。我記得，那個週末我們都在一起，我開車帶他回他爸爸家的路上問他，要是我死了，他能接受嗎？他回答說：『不能。妳怎麼會問這個問題？妳要自殺嗎？』我愣了一下，回答說：『我太痛苦了，我擔心我可能會出車禍啦，還是發生什麼意外。』我送他回到家的時候，覺得非常慚愧，馬上跟他爸爸轉述了我對兒子說的話。我的前夫看著我，說了幾個字：『去找人幫妳。』」

她真的去尋求協助。珍．布朗還記得，以前她看過一則私人診所廣告，那家診所有為因悲傷與失去親人而痛苦的人提供心理治療服務；她找到診所的電話號碼，趁自己還沒後悔之前，趕忙撥通了電話，約好了時間去看診。

「來了一位醫生負責我的療程。他問我，我是不是會想要自殺？我說是。他接著問，我打算怎麼自殺？我回答，我把自己的凱迪拉克在車庫停好，啟動引擎，開冷氣，讓引擎一直運轉，就會慢慢昏過去。他又問，我打算什麼時候自殺，我說，要等到秋天，兒子開始上學的時候，因為他星期一到星期五都會住他爸爸那邊，這樣就不會發現我自殺。醫生又問，那麼，誰會發現我自殺了？我說，我打算寫一封信給一位當律師的朋友。醫生要我形容那位律師朋友看到我的屍體時會有什麼反應。」

講到這，她謹慎地笑了一下，再開口的時候有點尷尬。

「醫生接下來要我想像自己躺在殯儀館的棺材裡是什麼樣子，還有棺材的樣子。我還告訴他，我想像自己的棺木要用哪些花裝飾。接著，他要我形容出席喪禮的人有誰，我一五一十地跟他說了。他又要我說說看，我覺得那些人在喪禮上會講些什麼；還要我形容，我覺得死了以後身體會發生什麼變化，以及棺材入土的地方是什麼樣子。我都照做了。接著，他要我想像躺在棺材裡面，聽到泥土一鏟鏟地回填到墓穴時，落在棺材蓋的聲音。」

她這時突然笑了出來，而且是開懷地笑。在這種時候笑出來，跟她自己正在講的事情根本搭不到一起，但是她的笑也讓氣氛輕鬆了一些。

「我講完以後，那醫生卻坐在椅子上，不吭一聲，完全嚇呆了。他告訴我，他剛才要我描述那些，是要知道案主想要自殺的程度到哪。絕大多數人甚至還沒到要怎麼自殺、該用哪種方法自殺的階段。他說，他從來沒遇過能從頭到走到尾的人。他根本不知道該怎麼回應我。」

說到這，她搖了搖頭，淡淡笑了一下。安琪兒・寇特蘭靠過去，伸手抓著母親的手。

珍・布朗平靜地繼續說，「看來，我也不必特別解釋，我後來住進精神病房，其實不是自願的。」

珍・布朗在那家精神科診所住了一個月。她告訴我，她一定得去接受治療，團體療程或個人療程，她都得去。慢慢地，她逐漸回到現實，一個新的現實：她最小的女兒在這個地方過世，但在這裡，她和另外三個孩子仍然還活著。

「我每天都想要死。但是，有一天，我突然不再去想我要怎麼死了；我的自殺傾向就這樣不見了。我遲早還是會死，但是，我現在覺得活著很高興。我愛那三個還活著的孩子，我愛我的孫子孫女，而且，我還剛剛有了曾孫。我體認到，孩子們永遠都需要我們；不管幾歲，他們還是需要我們。我在這個世界上還有三個需要我的孩子，我現在也必須盡全力照顧他們。等時候到了，我就會在天堂照顧我那第四個孩子。」

今年四十七歲的安琪兒．寇特蘭在旁邊聽著母親的故事，邊點頭回應。她說，對她來說，悲傷從來沒有離開過，一直停留在她的生命中，一直站在她肩膀上，引起她的注意，等著她關心。

「我生命中最重要的人的一個人，她的生命就這樣被詹姆士．埃爾哈特奪走了，而且，除了傷心難過，完全無能為力。那一團糾纏得密密麻麻的傷心結，其實一直都在，卻總是在最意想不到的時候出現。比如說，逛街的時候，有時候會逛到展示項鍊、馬克杯或類似這種東西的架子，上面還貼著商品名稱。我看著看著，突然，項鍊或馬克杯的名稱就變成了『康蒂』或『妹妹』，然後，失落感就會完全淹沒我。我當時可能想的是，『我應該買個像這個的東西給她。』重要的假期快到的時候，我也一定會想到她。我會想，她會想要什麼禮物呢？她長大以後，又會變成怎樣的人呢？只要一想到她沒有機會看到我的小孩，我就非常非常傷心。我懷孕的時候，康蒂她非常高興，因為，她就要當阿姨了。而我想到她沒有機會做母親，就非常難過。只要悲傷出現，我就忍不住會哭，而且滿懷恨意。要是他們准許我拿把槍射殺他，我一定會毫不猶豫地殺了他。我很氣州政府，因為他們不准受害人家屬動手執行死刑。他們應該先答應給我特赦，然後讓我殺了他。」

珍．布朗聽到她女兒把心底的想法講出來，有點侷促不安。行刑那天發生的每一件事，她們都記得很清楚。她們等待這一刻，等了十二年。但是，就算她們覺得等了十二年，實在等太久了，她們還是認為等待是值得的。要是詹姆士．奧圖．埃爾哈特的死刑早一些執行，這一對母女就不會有目睹行刑的機會，因為德州到了一九九六年才准許受害人家屬觀看行刑。在那之前，只准許死刑犯親屬、獄方人員、一位牧師以及記者在場。

珍．布朗和安琪兒．寇特蘭在一九九九年八月十一日，一起開車到亨茨維爾市的監獄。

珍．布朗問：「我們依照規定在行刑前兩小時到達沃斯監獄。我們坐在那個房間裡面，我、我前夫、我們的兒子，還有安琪兒。我們坐著，看著彼此，沒人說一句話。這種時候要說什麼？」

詹姆士．埃爾哈特殺人案審理期間，安琪兒．寇特蘭從沒有去聽審。她第一次、也是唯一一次看見把她最小的妹妹綁起來槍殺的人，就是在他死亡的那天。

「他們在一個星期前通知我們，告訴我們到時候會發生的事情。我妹妹遭到殺害的案子，很多人都很關心，所以德州刑事廳警告我們，到時候會有很多記者在場。行刑現場有兩個座位區，早點來，就可以先決定要坐哪一邊。要是我們願意回答記者問題，就坐在一邊；要是我們不願意受到打擾，就坐在另一邊。」

安琪兒・寇特蘭坐在記者不能進入的區域，她母親則坐在記者可以採訪的區域。美聯社記者麥克・葛瑞茲克（Michael Graczyk）走到她身邊，問她坐在現場的感想是什麼，她看著他，想了一會，才開口回答。

「我不支持死刑，我也從來沒有支持過死刑。」她說：「但是，今晚對我的意義是，我再也不必擔心電話鈴聲響了以後，另一頭的人告訴我，殺人凶手的上訴已經獲准，或是他即將獲釋。自己的孩子被人用殘暴的手段殺死，父母的感覺是沒有辦法形容的。」

麥克・葛瑞茲克點點頭，在他的筆記本上記下她的話，跟她道謝，就離開了。

那天晚上六點過了沒多久，他們在獄方引導下進入觀刑室。獄方牧師吉姆・布瑞索（Jim Brazzil）以及典獄長吉姆・威列特（Jim Willet）在他們還沒有進入觀刑室前，已經跟他們說了一些詹姆士・埃爾哈特行刑的細節，包括他們要有心理準備，行刑場面會相當嚇人等等。但就算他們聽了這麼多說明，等到他們親眼看到凶手躺在推床上的景象，還是嚇到了：他的眼神呆滯、身材高大、腰圍六十二吋大、一百八十公斤重。殺了他們康蒂的人就是這個又肥、又醜、又可怕的人。

珍・布朗說：「我一直反對死刑，我覺得死刑很野蠻。我們還沒有進入觀刑室前，我在外面替他的母親禱告，因為她也會經歷到我經歷過的痛苦：看著她的孩子、她愛的人，被殺死。」

「死刑其實就是一種更精心策劃的謀殺，這是我的想法。」

她女兒在一旁馬上搖了搖頭。

「對我來說，看到他被綁在行刑床上，我覺得很好。」她說：「我累積了十二年的恨，就是要看到他死。如果我可以殺了他，如果州政府大發慈悲，不會因此起訴我，我就會親手把他給殺了。」

德州政府沒有這麼做。安琪兒・寇特蘭跟她的家人和以前所有受害人的親屬一樣，站在一面玻璃窗後面，看著那個人被皮帶綁在推床上，兩隻手臂各插著一隻注射針管。吉姆・威列特典獄長問詹姆士・奧圖・埃爾哈特最後還有沒有什麼話要說，珍・布朗和安琪兒・寇特蘭非常失望，因為他只簡短回答了說：「沒有。」

安琪兒・寇特蘭說：「我很失望。我本來以為他會懺悔，會說對不起，但是，他到死都一直否認他有罪。」

珍．布朗說：「他聽到她最後說的話，只有他知道她最後說了什麼，沒有別人知道。我想知道他們講了什麼、她說了什麼。」

她說，他有機會在行刑前說最後幾句話，為此，她百感交集。一方面，她非常希望他懺悔，讓她知道女兒斷氣前說了什麼；另一方面，她想到他死前最後的話，那句簡單的「沒有」，卻會被永遠留存，後人都會知道。而被害人、也就是她女兒，生前最後講了什麼話，卻沒有留下來。她說，她女兒最後說的話也許是：「拜託不要殺我」，但這個絕望的九歲小女孩懇求能夠活命說的話，卻無法被記錄下來。

「我站在那裡，看著他就要死了，覺得非常難過，因為，他一死，這案子就永遠了結了。再也沒有人能夠告訴我康蒂最後說了什麼。」

珍．布朗和安琪兒．寇特蘭一起站在窗邊，看著小房間裡面的三個人：死刑犯詹姆士．埃爾哈特、典獄長吉姆．威列特與獄方牧師吉姆．布瑞索。三人都沒說話。珍．布朗還記得毒藥緩緩進入埃爾哈特身體時，牧師將一隻手放在埃爾哈特膝蓋上的情景。

下午六點廿四分，在注射致命毒藥十分鐘後，一切都結束了。五十六歲的詹姆士．奧圖．埃爾哈特死了。

安琪兒．寇特蘭說：「他在斷氣那一刻倒抽了一口氣，聽起來就像有氣喘的人一下呼吸不過來一樣。就在他生命結束的時候，就是那一刻，我覺得正義得到伸張了。那種感覺，就像有一股解脫感迎面襲來，我當下就知道結束了。他聽到我妹妹最後的呼吸，現在換我聽到他最後的呼吸。」

她講到這，哭了出來，她母親也哭了出來。她們並排坐著，幾分鐘都沒說話，只是一直哭。她們對那個人的感覺不同，她們對那一天的感覺也不同，她們哭泣的方式也不同。安琪兒．寇特蘭哭得比較大聲，珍．布朗哭得安靜，只看到幾滴眼淚從她臉上滑下來，滑到下巴的時候，她擦去眼淚，開口說話。

她說：「這世界上沒有什麼能夠讓我先有心理準備去面對那一刻。他嚥氣那一刻……就好像是身上一塊大石頭掉下來了，我終於能鬆一口氣。」

「妳有沒有過身上壓著重物，讓妳喘不過氣的感覺？然後，有很短的一剎那，所有的事情都放下了，這種感覺非常令我驚訝，難以置信。」

她知道自己的矛盾：一方面，她認為死刑也是一種殺人行為；另一方面，她看著一個人死亡時，卻讚美死亡的那一刻讓她得到解脫。

「如果有人質疑我的矛盾，我的回答是，我是死刑的受益人，但我支持廢死。這是我能想到的最好答案。我說的是感覺，感覺不見得能用邏輯解釋。」

她女兒說得更直接。

「唯一美中不足之處是，花了十二年才讓他死。他沒有給我妹妹同樣的機會、多活十二年的機會。只有他死，我才能放下悲傷。」

我問她，這是不是報復。她搖搖頭。

「這是正義。對我、對我妹妹，都是。」

我問她們，要是詹姆士・奧圖・埃爾哈特坦承殺害了康蒂，或者，要是她們曾懷疑過他是否是真兇，現在她們的想法會不會不一樣？她們互相看了一眼，幾乎感覺不出來地點了點頭，好像兩人達成共識一樣。最後，珍・布朗深呼吸了一口氣。

「這件事我們沒告訴過任何人，他的確承認了自己的罪行。吉姆・布瑞索牧師後來告訴我們，詹姆士・埃爾哈特在行刑前幾分鐘、在他的牢房裡，對牧師懺悔了。」

她們沈默了一陣子，珍・布朗張開了嘴，想了一下，好像想要在真正出聲前，先試試音。

「妳去見的那個人……范恩・羅斯？他坦承有罪了嗎？」

我搖搖頭。

「我希望他在最後一刻懺悔。他就要被處決了，當然是會覺得害怕，可是我希望，他能夠還給受害人家屬應得的平靜。對於我們這些還活著的家屬來說，懺悔會對我們的世界有完全不一樣的影響。」

＊依據美國聯邦最高法院在一九六六年米蘭達訴亞利桑那州案（384 U.S. 436（1966））判例，最終確立的米蘭達規則。警方在訊問刑事案件嫌疑人之前，必須明白無誤告知嫌疑人有權援引憲法第五修正案，其有「不被強迫自證其罪的特權」，得以行使沉默權、有權要求得到律師協助。

還剩三天

Three Days Left

7/15

范恩・羅斯（編號 999429）

00：01	睡覺
05：31	起床，坐在床上靠著桌邊
08：02	站在門旁講話
11：00	睡覺
14：32	坐在床上進食
17：45	洗手
18：25	待在日室
19：25	收信
23：00	躺在床上

你們說我是冷血凶手，但我可沒有把人綁在行刑床上，在鎖上的房間裡，硬把毒藥注射到他的血管。你們說這是正義，我說，這個和你們的社會才是冷血凶手。

亨利．波特（Henry Porter），一九八五年七月九日伏法

他犯下了罪大惡極的罪行：奪走另一個人的生命。現在，他要接受的是最嚴厲的懲罰：放棄自己的生命。

典獄長吉姆．威列特當天早上翻看過他的檔案，裡面有好幾張年紀只有十九歲的男孩照片，那男孩個頭不高，打扮很時髦。現在，在他眼前的這個男人已經卅八歲，從外表幾乎認不出他和照片上的十九歲年輕男孩是同一人。那男人的名字是約瑟夫．約翰．坎農（Joseph John Cannon），他性侵一位女性、搶走她的錢、劫持她並開她的車逃逸，最後用那位女性的槍朝她開了七槍。吉姆．威列特告訴他，他的最後一餐馬上就會送來。也就是說，約瑟夫．坎農很快就要和歷史上諸多男女一樣，接受中世紀歐洲以來代表和解的最後表徵：當時，即將遭到處決的人，

接受自己選擇的最後一餐，表示他原諒了行刑者、法官和陪審團。這一餐不僅代表和解，也是一種以防萬一的迷信：相關的人在犯人死前顯現出善意，希望能夠降低犯人死後糾纏他們的機會。

美國仍然保留死刑的州，大部分都還提供最後一餐，但各州規定不一。佛羅里達州規定最後一餐必須在當地購買，金額不得超過卅五美元。奧克拉荷馬州最後一餐的上限是十四美元。德州從二〇一一年起，就停止提供死刑犯最後一餐；但在約瑟夫．坎農受刑的時候，德州並沒有關於最後一餐費用的規定，只要求最後一餐必須由監獄廚房製作。

美國歷史上的死刑受刑人，對最後一餐的要求各有千秋。一九九二年因謀殺七男遭判處死刑的艾琳．伍爾諾斯（Aileen Wuornos，電影〈女魔頭〉就是描述她的故事），行刑前只要了一杯咖啡。姦殺卅三名男性青少年的約翰．維恩．蓋西（John Wayne Gacy），他在一九九四年伏法前，要求獄方提供十二隻炸蝦、一桶雞腿和薯條做為最後一餐。連續殺人犯泰德．邦迪（Ted Bundy）在一九八九年受死，但是他拒絕最後一餐。綽號「奧克拉荷馬炸彈客」的提摩西．邁克維（Timothy McVeigh），他在二〇〇一年接受致命藥物注射處死前，咕嚕下肚的食物是兩碗薄荷巧克力冰淇淋。

約瑟夫．坎農行刑前是坐在離行刑室隔兩個房間的牢房裡面。他要求的最後晚餐：炸雞、烤肋排、烤馬鈴薯、義大利醬沙拉、巧克力蛋糕、巧克力冰淇淋和巧克力奶昔。吉姆．威列特看鐘看了不下一百次。他在等六點鐘到，但又害怕六點鐘到。他對坎農解釋待會的程序是什麼，但立刻又覺得他做錯了。他該說的沒說，該做的沒做，連表情都不對。

吉姆．威列特問約瑟夫．坎農有沒有遺言要說，只聽到他喃喃地說要。典獄長在心裡感謝牧師在場，因為他和犯人講話時，吉姆．布瑞索牧師一直站在他旁邊，而牧師是這個房間裡三人中，唯一參與過執行死刑的人。他三言兩語就帶領著死刑犯與典獄長完成那兩人寧可不要執行的程序。

牆上的鐘感覺一邊拒絕向前走，一邊又走得飛快，現在只差五分鐘就六點了。那一刻很快就要來臨，兩通電話即將一前一後響起。第一通是州長辦公室打來的，喬治．布希的代表在電話上說，州長同意行刑；第二通電話隨後也打進來，一位講話帶著鼻音的司法部官員確認說，美國最高法院對執行編號九九九六三四犯人的死刑沒有異議。

吉姆．威列特在鏡子前面穿上外套，打好領帶，準備從他的辦公室走向只有幾步之遙的死刑屋，那是一棟位在監獄東北角、被一號瞭望塔台陰影所掩蓋的長條形紅磚建築。他很快看了一眼塔台上的警衛。他的手下一天二十四小時待命，坐在上頭，不但持有武裝，而且還得到命令，必要時，「格殺勿論」。他希望，除了待會兒要面臨的那件明顯不愉快的事情之外，不會節外生枝。

他踏入死刑屋的那一刻，是一九九八年四月廿二日晚上五點五十九分。那棟建築裡有八間漆成白色的牢房、一間漆成黃色的淋浴室、兩間內有白牆的觀刑室、一間行刑室和一間執行死刑者的房間，這兩個房間都漆成令人感覺紓壓的綠色。大多數時候，整棟建築物都空無一人；每逢第三週例外。

走進了死刑屋，吉姆．威列特直接走向牢房，然後，他停下來深深吸了口氣，再和約瑟夫．坎農四目相接。他向這位死囚犯點了點頭，對方也點了點頭。

「犯人坎農，」吉姆．威列特說，「跟我去另一個房間的時候到了。」

那是他第一次說出那些話，卻不會是最後一次。他注意到自己嘴裡有股苦澀的滋味。坎農沒有抗拒地照辦，他很快點了頭，站起身來，走在吉姆．威列特的身後，與牧師肩並著肩，進入行刑室。在跨進門檻的時候，三個人都停下了腳步，看著推床。吉姆．威列特吞了吞口水，想著是不是要叫那個人去躺在上面。但不必他開口，約瑟夫．坎農就自己去了那裡。由五名男性組成的「繫綁隊」進來房間，用厚厚的米色皮帶綁住坎農的手臂、雙腿和胸部。他們事先已演練過，全程在卅秒內結束。等到約瑟夫．坎農被綁好、躺下來就定位之後，就換醫務人員進來，今天他們只進來兩個人，第三個人在行刑者室，準備執行的前置作業。以前的那位行刑者今天生病了，所以改由他的助理來執行這項工作。吉姆．威列特不由得想到，今天主演的全是一群生手：行刑者、他自己、犯人。

醫務人員一直在找一條比較清楚的靜脈好插入針頭，吉姆．威列特在一旁看著，他們運氣不太好。身為典獄長，吉姆．威列特忍不住瞥向似乎有著自己生命的時鐘；死刑現在應該開始進行了才對。即將退休的典獄長在傳授他相關步驟時，曾警告過他，有時候可能要花個十分鐘才能插好針頭。但現在半小時都過了，醫務人員還站在那裡擠著人犯的手臂，想找個好位置插下第一個針頭。最後，那個拿著針頭奮戰的女性抬起頭看向他。

「典獄長，我相信其中一個針頭已經插好了。我們是不是不要管另一個針頭了，繼續往下進行？」

吉姆．威列特點點頭，望向躺在推床上動也不動、沈默不語的約瑟夫．坎農。在別人奮力拿著針頭猛戳他的靜脈、想辦法對他執行死刑的這卅分鐘裡，他一句抱怨的話也沒有。讓他再這樣等死下去，似乎很不人道。吉姆．威列特忍不住在想，坎農是不是對針頭有什麼特別的排斥。他想起這名犯人的最後一餐是用巧克力把自己塞得滿滿的，自己看得反胃的感覺都出來了。他決定最好開始行刑。醫務人員已經離開房間，房裡剩下三個人：典獄長、牧師吉姆．布瑞索和殺人凶手。

吉姆．威列特再次望向約瑟夫．坎農，坎農先是低頭望著自己手臂上的針頭，然後抬頭看著懸掛在天花板上的麥克風，那是用來記錄他留給後人的遺言。吉姆．威列特已經跟他解釋過，不論他在這個房間裡說了什麼，都會直接傳到旁邊的一個房間，裡頭有三個人會將內容抄寫下來，以確保他的遺言被正確引用。不過，基於對人犯的尊重，不會留下任何錄音記錄。約瑟夫．坎農一直望著麥克風。吉姆．威列特則是一直望著犯人，眼角餘光同時看到兩間觀刑室已經擠滿了人。他實在不想望向家屬所在的方向，他想把這一刻的寧靜留給他們，不要讓他們看到自己窺探的雙眼，但他忍不住還是看了一下。他看到指定留給坎農家人的觀刑室裡，有個女人緊貼著玻璃窗，他猜想那是死刑犯的母親。約瑟夫．坎農轉頭凝視那個女人，一言不發地看著她。不管吉姆．威列特正在想什麼，他的臉上不會有任何表情。

突然，吉姆．威列特聽到行刑者室傳來一個謹慎的聲音。

「您可以開始了，典獄長。」

時間到了。

在監獄待了這些年之後，這一刻終於到來，他將承擔取走某人生命的最終責任。吉姆．威列特向死刑犯靠近一步。

「犯人坎農，如果你願意，現在可以說出遺言。」

躺在床上的那個男人和他一樣緊張。約瑟夫．坎農開始說話，但一點也不像他們之前說好的那樣。他天馬行空地說自己有多抱歉、請求原諒，但內容前後毫不連貫，而且含糊不清。吉姆．威列特覺得不太自在，難道是這樣子結束嗎？胡言亂語一番？最後，約瑟夫．坎農安靜下來，吉姆．威列特明白，是下達訊號給行刑人員的時候了。他小心地舉起自己的左手，摘下他的老花眼鏡。行刑者看到了這個暗號，開始注射。

吉姆．威列特被那一刻的沉重力量深深衝擊。他直盯著前方，只管想著：行刑室、行刑者室和兩個觀刑室之間，相距咫尺，總共有廿五個人站在這裡，一切卻好安靜。他毅然地站著，向外凝視，直到突然有個聲音劃破了寂靜。

他聽到：「典獄長……？」

開始執行死刑了。不清楚是誰在說話。他看著那個應該已經走在死亡半途中的那個人，這才明白，話就是那個人說的。

「典獄長，它鬆掉了。」約瑟夫．坎農邊說邊把頭轉向自己的手臂。

這叫做「爆噴」，以前幾乎從來沒有發生過，只不過，現在它確確實實就發生在眼前。吉姆．威列特盯著這個男人，看到毒液沿著此人的手臂流淌下來。

吉姆．威列特趕忙拉上窗簾，不想讓那些家屬看到。但他太緊張，窗簾卡住了。又拉又扯的結果，窗簾布整個掉了下來。吉姆．威列特最後看到約瑟夫．坎農的母親在玻璃窗的另一側哭泣。他喚來警衛，要觀刑者離開觀刑室。

行刑室裡有一段時間被沈默籠罩。這場戲裡的兩位主角：犯人和典獄長，面面相覷；兩個人的呼吸聲都比平常來得沈重。吉姆．威列特聽到自己的心跳聲，他可以想像得到，犯人也正在做和他一樣的事。尷尬的醫療隊趕了過來，打斷這段沈默；他們這次用更迅速確實的手法執行工作，無聲而有效率地在兩隻手臂上都找到了靜脈。嚇壞了的觀刑者又被帶回觀刑室，行刑程序再度展開。吉姆．威列特再次深吸一口氣，問約瑟夫．坎農是否要交代遺言。他說了。這一回，他說出了自己的腹腑之言，向受害者女兒和他自己的母親懺悔告白。

我很抱歉對妳媽媽做了那樣的事。我不是因為就要死了才這麼說。我這輩子都被關著，我永遠不能原諒自己所做的事。

我想請求你們大家原諒，我愛你們每個人。謝謝你們支持我，在我小時候對我很好。感謝上帝。

吉姆．威列特認為，約瑟夫．坎農和他自己這一次演得比較好，算是這場災難可堪告慰的地方。他覺得，犯人看著被害者女兒的雙眼，請求原諒，是件好事。

約瑟夫．坎農陷入沈默，吉姆．威列特在同一天晚上第二度摘下了他的眼鏡。行刑者開始執行程序，這一回，毒液準確地進入該進的地方——犯人的體內。約瑟夫．坎農緩緩睡著。吉姆．威列特以前被教導，按照規定，在准許醫生宣告犯人死亡之前，應該先等個三分鐘。這是他一生中最漫長的三分鐘。最後，醫生進來，聆聽心跳，確認心跳已經沒有了。約瑟夫．坎農在晚上七點廿八分被宣告死亡，比原訂計劃晚了將近一個半小時。

那天晚上，吉姆．威列特離開死刑屋的時候，希望永遠不要再回來。但他知道以後他還是非得回來不可，他希望下次可以進行得更順利一點。後來他雇了一個在越南服過役的護士負責插針頭，以確保至少那個部分的環節不會出差錯。

「我想，如果她可以在炸彈四處落下的環境下工作，那麼即便是在死刑屋，她也能好好完成它。」

吉姆．威列特向其他人說晚安，開車回家。每個人都回答他「晚安」，而不是說「做得好」，這讓他有些受挫。這工作沒有做好。那天晚上，他坐著望向窗外很久很久，想著他和死刑犯兩人跨過門檻進入行刑室的那一刻。那時候，他並不知道接下來那些年，他會和另外八十七名男性與一位女性，一同踏入那個房間——而且，那些人全都沒有活著離開。

他望向漆黑的夜空。過去兩百年來，德州的死刑，從絞刑、到電椅、到暫停，再發展為注射毒藥。他想要怎麼樣去想這些事情都可以。但現在，他已經沒有任何藉口了。十六年前，德州恢復死刑的那個時候，他只是體制裡的一部分。現在的他，不僅只是體制的一部分。

現在，他就是那個體制。

＊＊＊

一九八二年十二月的那天晚上，空氣中有一股不真實的氛圍。不只是吉姆．威列特感覺得到，在監獄圍牆裡的每一個人都察覺到同一件事。吉姆．威列特在這裡已經工作了十一年，他一九七一年剛剛來到沃斯監獄，還只是個菜鳥。上班第一天，有個獄警帶他進行了一趟「監獄之旅」。當時，行刑室自一九六四年就沒有被使用過。經過那裡時，那名獄警說那地方現在是空的，還為他上了一堂簡短的歷史課。

一八一九年到一九二三年，德州有許多郡是自行執行絞刑，總計有三百九十起絞刑，州政府都沒有直接參與。在眾目睽睽之下執行死刑，也是在那個時候開始的。而且，其中很多絞刑並不是依法制裁，沒有經過法律規定的司法程序、沒有陪審團審判，犯人犯下的也不見得是最嚴重的罪行。由於有太多群眾透過動用私刑來宣揚正義，最後，公開處決的作法，在一九二三年全面遭到禁止。

後來德州所有的死刑犯，都是在亨茨維爾監獄的圍牆內、在嚴格監管的條件下伏法。此外，和絞刑架比起來，人們認為使用電椅來處決人犯，比較文明。於是，建造電椅的工作，就交給一群被關在監牢裡的工匠來進行。他們一起打造的木製電椅，被命名為「老火花」（Old Sparky）。這個木製的電椅是在一九二四年二月八日第一次開始使用，五名死刑囚犯一個接一個地坐上電椅死去。「老火花」最後一次使用，是在一九六四年七月卅日，當時坐上電椅的是卅歲的約瑟夫·強生二世（Joseph Johnson Jr.）。而在他之前，總計有卅百六十一名死刑囚犯，在這把木製的電椅上接受死刑。

接下來的，是長達十二年的激烈辯論。美國最高法院不斷考慮到底死刑算不算是「殘酷且不必要的懲罰」，以及死刑的判決是否公平。死刑一直被擱置到一九七六年，在這段期間，德州有五十二名被判處死刑的男性，改判無期徒刑。但老百姓對於死刑消失這件事，並不高興。德州居民認為，司法體系裡少了什麼東西。當吉姆·威列特在亨茨維爾市沃斯監獄，展開他的獄政職場生涯五年以後，德州州政府根據最高法院的最新指令，重新制訂了死刑刑罰，在如何實施、何時執行方面，設定了更嚴格的規範；同時也決定採用注射致命毒液的方式，讓受刑人少一點折磨。於是，死刑又恢復了。但還是僅限於紙面上的意義，吉姆．威列特並沒有想到過，沃斯監獄會真正執行死刑。

就在吉姆．威列特走進監獄大門的第十一年，那時光是想到要把一個活生生、身體健康的男子給處死，還是會覺得很荒謬。但是即便如此，該發生的還是發生了。一九八二年十二月六日至七日，監獄員工吉姆．威列特被指派去看守一輛靈車；這代表有人即將死亡，因為靈車是要用來拖運屍體。他站在漆黑的深夜裡，等待著時鐘指針指向午夜十二點，然後他對自己說：「真的發生了。」

有好多好多人、好多好多電視台等在監獄外頭，鎂光燈此起彼落，一開始他還誤以為那是寒冷漆黑的十二月夜晚裡出現的閃電。監獄外的人群來自四面八方：支持死刑的人高舉寫了聖經經文的標語牌，表達死刑即是正義的看法；反對死刑的人則是高舉別的聖經經文，強調為什麼死刑是錯誤的。他看到有一家人是爸爸媽媽帶著家中幼小的孩子，參與這場在寒冬裡進行的事件。孩子們站在路邊，身上裹著毯子，在父母身旁等待這場死刑開始執行，讓他們在亨茨維爾單調的日常生活中，添點色彩。突然，吉姆．威列特聽到了巨大聲響，他抬頭仰望天空，看到一架直升機越過天際，緊接著一架又一架。三家不同電視台，包括第十三台、第二台和第十一台頻道的直升機，都在空中盤旋，想拍下監獄圍牆裡正在發生的畫面。他一度在想，也許這些飛機會撞在一塊。

電視台聚焦報導的那個人，名叫查理・布魯克斯二世（Charlie Brooks, Jr.），他是死囚區囚犯編號五百九十二號的死刑犯。六年前，幾乎就是同一天，查理・布魯克斯去了沃思堡（Fort Worth）的一家汽車經銷商，想要試車。那家汽車公司的一名技師，時年廿六歲的大衛・格雷戈里（David Gregory）於是陪他一起去試車。

查理・布魯克斯試開途中，讓他的同夥伍迪・勞卓瑞斯（Woody Loudres）上了車，他們一起襲擊那位技師，把他塞進後車廂，然後開去一家汽車旅館。在那裡，他們用鐵絲綁住受害者，拿膠帶貼住他的嘴，然後，這兩個人當中不確定是誰，拿槍對著他的腦袋，將他一槍斃命。勞卓瑞斯被判四十年有期徒刑，布魯克斯則是被判處死刑。現在，他即將在歷史上留名，成為全美國第一個以毒液注射行刑的死刑犯。他的靜脈將被陸續注入三種不同的化學物質：第一劑是硫噴妥鈉（sodium thiopental），那是一種速效鎮靜劑，會導致人犯昏迷。第二劑是泮庫溴銨（pancuronium bromide），是肌肉鬆弛劑，讓囚犯停止呼吸，並防止他肌肉痙攣。第三劑是氯化鉀（potassium chloride），讓心跳停止。

吉姆・威列特坐進靈車，和葬禮負責人一起把車開過最後的幾公尺路程，到達死刑屋。他想最近著這幾個月來，為了這場死刑所做的種種準備，現在終於到了這一刻。他想到那位囚犯的最後一餐，本來是要求吃生蠔，送來的卻是牛排、薯條配蕃茄醬。午夜鐘聲敲響時，吉姆・威列特再次看了看自己的手錶，他記得當時自己心裡想的是，他很慶幸自己不必待在行刑室裡；他絕不想成為那裡所發生的一部分。

＊＊＊

吉姆・威列特在沃斯監獄工作廿七年之後，已是全區監獄的總督導，有一天，列佛爾・詹金斯（Lepher Jenkins），終於對他提出徵詢，問他是否願意擔任德州獄政體系中最大監獄的典獄長。因為無法想像自己能夠承擔執行死刑的責任，他拒絕了。

詹金斯意外地對他的回應表示支持。詹金斯坦承，他相信不管是國家、法院或是任何一個人類，都無權奪走另一個人的生命。列佛爾・詹金斯在接受他個人的工作任命時，自己也曾經忍不住對這個問題產生疑惑。

吉姆・威列特說，不論如何，能夠被詢問是否願意擔任這項工作，他感到榮幸。他告訴詹金斯，如果找不到更好的人選，可以回來找他。結果幾天之後，詹金斯就來找他了，說找不到任何人比威列特更適合這項工作，他就是獄政體系需要的那個人。

吉姆．威列特回到家，他像過去每逢面對艱難決定時那樣，和他的妻子珍妮絲一塊商量此事。珍妮絲要他和上帝訴說。在威列特與上帝、妻子交談之後——她在身旁，祂在上頭，他改變了主意。

從來沒有目睹過任何人死亡的這個人，做出了結論：決定將人處死的是德州州政府，不是他。這個社會才是真正的行刑者，他不是。而在沃斯監獄裡執行死刑，不管有沒有他的協助，都會繼續下去。

「既然無論如何，這件事都會發生，我想，至少我可以讓它在有尊嚴、被尊重的狀況下完成。」

一九九八年到二〇〇一年，吉姆．威列特在亨茨維爾沃斯監獄擔任典獄長，在那段期間，他成為德州史上負責執行最多次死刑的典獄長，總共處死了八十八名男性和一名女性。

「其中八十六個人是自己走進行刑室，有兩個是被我們抬進去的，還有一個當場打了起來，那次真的搞得非常困難。」他說。

那個不肯進行刑室的囚犯是蓋瑞・葛拉罕（Gary Graham），編號九九九六九六。他不甘願赴死這件事，並不是突發狀況。在行刑前的幾個月，蓋瑞・葛拉罕就已經宣稱，只要他還有一口氣在，一定會抗拒到底。他還要求政治團體「新黑豹黨」（New Black Panthers）帶武器到亨茨維爾監獄來為他抗命。新黑豹黨的對門仇家「三K黨」（Ku Klux Klan）也宣稱要來參一腳；當然他們不是來支持葛拉罕，而是要確保他真的被處死。蓋瑞・葛拉罕提出的親友觀刑名單中，包括黑人民權領袖、浸信會牧師杰西・傑克遜（Jesse Jackson），以及演藝界名人米克・傑格（Mick Jagger）的前妻、社運人士碧安卡・傑格（Bianca Jagger）。他還把當時的德州州長、總統候選人喬治・布希的名字，也列入觀刑者的名單中。不過，布希當天並沒有現身，對此，吉姆・威列特並不意外。

「蓋瑞・葛拉罕只想再當最後一次的大蠢蛋，」他說。

因為太擔心蓋瑞・葛拉罕的支持者會在監獄外頭干擾和使用暴力，吉姆・威列特做了一個過去卅五年來、沒有任何一個典獄長做過的決定：在執行蓋瑞・葛拉罕死刑的前一天，先把他從泰瑞爾監獄帶到沃斯監獄，好避開那些已經開始在監獄外聚集的社運份子、示威者和新聞媒體，預防他們使用人牆策略，包圍囚車。

在葛拉罕到達死刑屋的時候，吉姆・威列特還改換了葛拉罕停留的囚房設備；通常死刑犯一開始會先被安置在距離行刑室最遠的七號囚房，這樣犯人在移向最靠近行刑室的二號囚房之前，可以有幾小時不被打擾的安靜時間。而蓋瑞．葛拉罕在受刑前，卻一直都是待在三號囚房。按照吉姆．威列特的說法，這樣葛拉罕「距離行刑室比較近，可以狂喊吼叫的距離也比較短」。葛拉罕早就宣稱，他會一路抗拒到他被處死為止。囚房裡原有的陶瓷馬桶，也改成了不銹鋼材質，人犯可以躺下來休息的床舖也被移走了，換成了一個用螺栓固定在地板上的凳子，以及一個可以睡在上頭的簡陋平板。這些全都是為了預防葛拉罕可能會把東西給拆掉、做出任何傷害自己或獄警的行為。

蓋瑞．葛拉罕是一九八一年五月廿一日遭到逮捕，時年十七歲。當時警方接獲一名五十七歲的女計程車司機的電話報案，趕到這名女子所在的旅館房間，她告訴警方，自己在槍口下遭到綁架和重複性侵超過五小時，直到加害人葛拉罕睡著為止。這名女性設法拿走了他的手槍，打電話報警。而在警方探員回查最近幾個星期以來的犯罪記錄時，發現年輕的葛拉罕可能總計涉及了廿起搶劫案、十起偷車案，以及三起企圖殺人案，這些案子有十九個不同的證人協助指認。警方後來進一步認為，發生在八天前的一起搶劫殺人案，五十三歲的芭比．葛蘭特．藍伯特（Bobby Grant Lambert）在休士頓的一家商店外被人槍殺，葛拉罕也涉嫌其中。葛拉罕被捕後，坦承所有的案子都是他幹的，唯獨不承認自己殺人。儘管他否認殺人，卻還是因此被定罪。葛拉罕在後續不斷進行的抗議中指稱，他沒有獲得公平審判，他是在種族歧視和先入為主的意見下，被人定罪。

「在我多年的獄政工作生涯中，我得說，蓋瑞．葛拉罕是我遇過最可悲的人，」吉姆．威列特形容了蓋瑞．葛拉罕如何履行誓言，在被處死之前一路打鬥和狂喊。

為了把葛拉罕送進行刑室，監獄動員了六名人力。

「在那種情況下，每個人都很辛苦。」吉姆．威列特平靜地說。

葛拉罕在長達十一分鐘多的最後告白中，向馬丁．路德．金恩、美國黑人民權運動領導人物麥爾坎．X（Malcolm X）、尼爾森．曼德拉（Nelson Mandela）、溫妮．曼德拉（Winnie Mandela），還有杰西．傑克遜喊話求助。他最後的遺言是：「他們在夜裡殺害了一個無辜的人。」他被處死之後，死刑屋外，一直到深夜凌晨，他的支持者碧安卡．傑格和杰西．傑克遜都還在接受訪問，譴責司法體系。即使到了今天，吉姆．威列特想起來還是覺得很反感。

「德州有沒有處死過任何一個無辜的人？有。只要回顧一下歷來所有被處死的人，不管是吊死的、坐電椅死的、注射毒液死的，儘管方式不同，結果都是一樣。但是我實在不懂，為什麼像杰西．傑克遜和碧安卡．傑格那樣的人，會選擇為蓋瑞．葛拉罕這種明顯有罪的罪犯來抗爭？」他邊說邊搖頭。

他停下來，想了一想，好像是想轉換話題，但卻又無法把自己那天晚上站在現場的感受拋諸在腦後。

「說真的，我實在不懂。假設我們今天走進死刑監獄，隨便挑出一百個死刑犯，我保證，裡面的九十九個人，都比蓋瑞．葛拉罕來得好，比他更值得進行示威抗議。那件事我說什麼都無法明白。」

另外還有兩個人拒絕自己走進行刑室。其中一個囚犯告訴典獄長說，他可以接受懲罰，但無法接受自己走向死亡，因為他認為那種行為等於是自殺。吉姆．威列點頭認同，並回答道，坦白說，要是換成是他，他恐怕也不能確定自己會自願做出這種事。

「我能夠了解他的想法。我問他是否會抵抗，他說他不會。所以我們就派了一組兩個人，直接把他抬去行刑室。」

最後一個拒絕配合的犯人說，他不打算服從，但他也不想傷害任何人。吉姆．威列特形容那個犯人「扭來扭去像條蟲一樣」，不讓警衛抓住他。

「當然，最後我們還是完成了任務。只是就像他說的那樣，他沒有傷害任何人，他只是咒罵了一陣。」

吉姆．威列特有時候感到很訝異，大家幾乎都是自己走去接受死刑；那些男男女女都是十幾年來第一次獲准不用戴上手銬腳銬，和其他的人類走在一塊兒。他一直都對於他們那樣做，心存感激。

突然間，威列特問道，我會不會覺得他好像很狠心？他說，他一點都不想給別人這種印象。在沃斯監獄行刑室裡發生的一切，對他影響非常深，但他和其他的工作人員都設法讓自己適應現實，而這現實就是，不管是在監獄裡，還是在圍牆外，什麼樣的事情都有可能發生。他告訴我，在喬治．布希州長選上總統之前的最後那幾個月，全球及全國各地的媒體都來到德州，試圖挑起有關布希州長沒有停止死刑的爭議話題。在行刑的日子，總會有人在吉姆．威列特背後，罵布希是「殺人凶手」。一位紀錄片製作人麥可．摩爾（Michael Moore）的攝影團隊，還曾經過來架設了一個會發光的積分板，一邊是「喬治」，積分一百一十六；另一邊是「傑布」（喬治．布希的弟弟傑布，在同一時間擔任佛羅里達州州長），積分為二；它們代表的是德州和佛羅里達州處死人犯的數字。他們還請了一群身穿紅白制服、手拿著彩球的啦啦隊員，站在積分板旁，一邊蹦跳，一邊呼喊「德州殺人殺得棒」的口號。電視台攝影機將這些過程全部拍攝下來，在一個專門挖苦人的電視節目〈真相追擊〉（The Awful Truth）裡播出。

吉姆．威列特回憶起這段往事，大大搖頭。

「對我們來說，執行死刑絕不是一場秀。我們談的是攸關人命的事。我在這方面的處理是受到敬重的。」

當人犯被綁在行刑枱上動彈不得的時候，典獄長一定會詢問他們，皮帶會不會綁得太緊？還是還可以？「通常他們不會有什麼意見，但還是有一兩個人會表示覺得太緊，我們就會把皮帶鬆個一兩小節。牧師和我也一定會在行刑小組成員進房間來執行任務時，設法和人犯聊一下，好讓他們在那個時候想點別的事情。」

他前前後後總計問過死刑犯八十九次「有什麼遺言要說」。絕大部分的犯人都說得很簡短扼要。

「大多數人是請求受害者家屬原諒，或說些和自己有關的事。有些人非常緊張。我記得，其中有個人太緊張，害我一度以為，他可能等不到行刑開始，就會心臟病發而死。其他多數人都像木頭一般冷漠。」

他說，通常受刑人犯會告訴他，他們已經準備好了；他不希望在人犯還沒有設法說出自己想說的話之前行刑。他的工作有一部分，是在行刑前一兩個小時和死刑犯說話，問他們想說的遺言是什麼、怎麼樣才知道他們已經把話說完了。有一次，某個死刑犯的回答讓他大吃一驚。

「那傢伙對我說：『我會跟你說，你可以把眼鏡摘下來了，典獄長。』」

吉姆．威列特一聽，嚇了一大跳。摘眼鏡這個暗示，是他的前任教他的，而他的前任則是從更早之前的典獄長那裡學來這一招。他一直以為，囚犯並不知道這就是向隔壁房間的行刑者打暗號。但他們顯然知道。

「我一下惱羞成怒，做了我畢生中做過最蠢的事。我變得很生氣，語帶威脅地告訴他說，『你別耍那一招，聽到了嗎』？話一出口，我後悔莫及，感覺罪惡得不了。離開囚房時，我滿腦子只想到：『吉姆，你有什麼好威脅那個男人的？我們就要把他給處死了。』」

吉姆．威列特還記得，當那個人說出遺言的時候，他自己有多緊張；還有，當那犯人最後並沒有說出要他摘眼鏡的笑話時，他鬆了多大的一口氣。行刑結束之後，他立即派警衛長直奔一家電子器材行。

「他幫我買了一個遙控器，有點像是現在的汽車遙控鎖。我把它放在口袋裡，只要一按，行刑者房間裡的一盞燈就會亮起來。那天以後，我們就改用那個方法；那比摘眼鏡當暗號要好得多了。」

吉姆．威列特開始接手這個工作之前的兩個月，德州處死了卡拉．費伊．塔克（Karla Faye Tucker），當時她是德州一百卅五年來第一位被處決的女性。行刑之後，典獄長、行刑者和兩位參與捆綁小組任務的男性，都辭職了。

「儘管那位典獄長從不承認，但我相信，那件事就是他和行刑者辭職的原因。那個女人是個相當特別的人。」

因為有這種想法，所以，當二〇〇〇年二月，輪到威列特監督一名女性囚犯的伏法過程時，他格外緊張。囚犯名叫貝蒂．盧．畢茲（Betty Lou Beets），六十二歲，育有五個孩子。她在四十八歲那年被判處死刑。她因為想要謀取第五任丈夫吉米．唐．畢茲（Jimmy Don Beets）十萬美元的死亡保險金，將他殺害。他被埋在他們家的花園裡，警方在挖掘他的屍體時，意外發現了她失蹤了兩年的第四任丈夫。

「那個女人並沒有特別讓人喜歡的人格特質，她也沒有說太多話。執行完任務、當晚回到家時，我記得我的感想是：這和處決男性並沒有什麼差別。」

他表示，即便他已經說了八十九次「去另一個房間的時候到了」，但那句話從來沒有變得更容易說出口。

「你會習慣它，但絕不會喜歡它。」

而且，當他打心底喜歡那個即將死亡的囚犯時，任務會變得異常艱難。

「有個名叫理查．佛斯特（Richard Foster）的傢伙。我記得那天上午，吉姆牧師在和我一起等車子來接的時候，對我說，『典獄長，你會喜歡那個人，他很特別』。」

理查．佛斯特在四十七歲遭到處決；十六年前，也就是一九八四年，他搶劫了一家商店並殺害店主。他在死刑屋的最後那一天，果然讓典獄長覺得他是個非常有趣的紳士。理查．佛斯特不但心情很好，還會開玩笑。

「當他躺上推床時，我們繼續和他說話，他突然說：『哦，我口快要乾死了，真希望我有顆糖或什麼的帶在身上。』因為他真的很有趣又討人喜歡，我們全都開始翻找自己的口袋，結果是行刑者找到了一些糖果。他把糖交給了吉姆牧師，然後吉姆牧師把它放進佛斯特的嘴裡。佛斯特非常開心地細細品嚐，我低頭看著他的時候，忽然想到他吃進嘴裡的可能是哪一種糖果。我問，『人犯佛斯特，他們給你吃的糖，是不是救生圈（譯註：Lifesaver，小圈圈形狀的硬糖）』？他笑著說，『是啊，典獄長。不過，我不覺得會有什麼用』。」

吉姆．威列特沉浸在回憶中，雙眼閃閃發光。

「這是很痛苦的回憶。我們現在談的很多事，我其實好多年都沒有去想了。一想起來就很難過。想想看，你和一個人站得那麼近，距離就像我們倆現在這樣，那個人還健健康康的，一分鐘後，他就死了，而你參與了讓他死亡的事。當然那絕對會對你造成影響。」

在和威列特道別之前，他帶我去參觀他現在工作的地方：德州監獄博物館。這座刻意用紅磚建造的博物館，不但看起來像座監獄，而且它的位置是在市郊、四十五號州際公路旁，地點正好夾在兩座真正的監獄之間。吉姆．威列特每週四天在博物館答覆好奇遊客的詢問，接待來訪的昔日同僚。

「昨天有兩百卅九個付費訪客前來參觀。情況很不錯。今天夏天，我們可望創下新紀錄。」他說。

他是在退休幾個月之後，被博物館人員找去幫忙當嚮導，每週去個一兩次。現在，他則是博物館的館長。博物館內的販賣品包括犯人製作的皮革背心、手銬鑰匙環、印有德州司法廳標誌的手槍皮套，還有他的自傳：《典獄長》。

儘管館內展示的絕大部分是發生在很久以前的老照片，但訪客們仍然興致勃勃地四處參觀。吉姆．威列特很清楚，他們最想看的是什麼東西；那是位在博物館最後方、取走了三百六十一條人命的電椅「老火花」。

「他們都想在它前面拍照留念，」吉姆．威列特說，然後，他帶我回到入口。在回憶了許許多多擔任典獄長期間的事情之後，他的雙眼依舊閃著光芒。

「那些年紀輕輕的人，有的只不過卅來歲，太年輕了。我有時候會覺得這一切實在很悲哀，不只是因為他們遭到處決，也為了那些讓他們走到今天這一步所發生的事，感到悲哀。一個人的生命就此結束，而那個人也早已摧毀了其他人的生命。還有就是那些家屬，眼看他們失去了一直以來抱持的希望，從行刑室離開，是最讓人感到難過的事。他們神色嚴峻的臉上，往往佈滿了長期承受巨大悲痛的傷痕。在獄政體系下這麼多年的職場生涯，如果要說我學到了些什麼，答案應該是：死刑這件事，沒有人是贏家。它不是終結。包括死刑在內的每一個死亡，都創造了新的傷口。大家都輸了。」

他問了我關於范恩．羅斯的事，想知道他還有幾天可活。我告訴他，只剩兩天了。但那天之前會先執行另一場死刑。那個人名叫約翰．昆塔尼拉（John Quintanilla, Jr.）。

他搖了搖頭。

「所以，這週會有兩次死刑？我記得以前也有過，在好幾週內，我們一週執行三次死刑。實在很慘烈。」

他陪我一路走到停車場，我租來的車子停在那裡。他沒有再多說什麼，只是沈默地走著。

「妳說，他只剩兩天可活了？」

我點點頭。

「我很高興我不會在那裡。我不再想和監獄大門裡頭發生的任何事情有關。」

負責過八十九次死刑的前任監獄典獄長吉姆・威列特，馬上糾正自己的說法。

「說『不再想』是不對的，我從來不想成為其中的一部分。但我希望，在我任職那段期間死掉的那些人，至少是死得有尊嚴。」

還剩兩天
Two Days Left

7/16

范恩．羅斯（編號 999429）

00：00　躺在床上

03：23　早餐托盤送達

06：30　坐在床上聽音樂

11：00　坐在床上

13：00　沖澡

17：29　在牢房裡踱步

21：35　讀信

你們把我帶到這裡來，是要處決我，不是發表演說。
就這樣。

查理．李文斯頓（Charlie Livingston），
一九九七年十一月廿一日伏法

瑪麗亞．布雷姆（Maria Brehm）在二〇一三年七月十六日清晨四點鐘起床，那天，她會成為寡婦。天氣晴朗，氣溫攝氏約廿三度，算是暖和的。那天稍後，氣溫會上升到攝氏卅三度，但她完全沒有注意這些。她的思緒在別的地方。過去八年絕大多數的時間，她想的都是同一件事，都和他有關，一直都是和他有關。

回想八年前，瑪麗亞．布雷姆形容那時的她，是個「毫不起眼的廿五歲平凡人」。交過幾個男朋友，有的時間短，有的時間長。她喜歡和朋友出去，在DHL快遞公司的工作不容易，但很有趣；必要時，她不會拒絕每天工作十四個小時。她讀書、自修法文。她覺得交個筆友應該會有幫助，是可以結合學習和樂趣的好方法。

「我一直都對人權感興趣，而且打從我有記憶以來，就一直反對死刑。後來，我也深信，自己想為某個待在死囚監獄裡的人，帶來小小的快樂。」

她其實一直想找一個說法語的囚犯當筆友。她想多了解一些和死刑有關的事，同時練習自己的語言能力。她上網查了德國廢止死刑聯盟網站，網站裡有美國受刑人在徵筆友。

她說：「我設了一些條件，我希望對方和我差不多年紀，我不希望他是個在死囚區待了很久的人，因為他有可能已經有廿個筆友了。此外，我不希望他有小孩。我自己沒有小孩，而我相信，要是這人有孩子的話，看世界的觀點會不一樣；所有的事都會繞著他們轉，要和有小孩的人溝通很困難。」

突然間，他就這麼出現在網站上，就在她眼前。大她四歲、三個月前才到死刑監獄、沒有小孩；只有法文那一項不符合。不過，瑪麗亞·布雷姆決定了，小約翰·昆塔尼拉，就是她想要找的筆友。

「我在第一封信裡先自我介紹，寫了在我住哪裡、我的工作是什麼。我告訴他，我閒暇的時候喜歡做些什麼，還寫了幾行關於我家人的事，我有爸爸、媽媽和兩個兄弟。然後我問他的興趣是什麼，他在徵求筆友欄裡註明他熱愛音樂，所以我問他最喜歡哪個樂團。全都是一些很基本的事情。」

回憶接踵而來。這一整天都會如此，而且接下來很長的時日都會如此。也許永遠都是這樣。她看了看手錶，該做準備了。漫長的一天等在前頭。

美聯社記者麥克．葛瑞茲克（Michael Graczyk）也起得很早，他的焦點也全都放在同一個男人——小約翰．昆塔尼拉的身上。對一個負責報導死刑現況的記者來說，每當到了亨茨維爾準備執行死刑的日子，都是既漫長又緊張。麥克．葛瑞茲克前一天就預先寫好了一篇文章，傳送給美聯社。

他現在坐了下來，要寫一個新版本，這個版本修改的地方是，小約翰．昆塔尼拉今天要被處決。他描述了他的罪行，告訴讀者：六十歲的前任警長維多．畢林（Victor Billings）在二〇〇二年十一月廿四日，和時年四十歲的妻子琳達．畢林（Linda Billings）一起來到休士頓西南邊維多利亞市的賭場。兩名男子突然從後門闖入，他們手持來福槍，戴著手套，臉上罩著絲襪。其中一個男子去賭博區，另一個去收銀台。當時，琳達．畢林正好在收銀台旁邊。男子下令櫃台後方的女子把錢交出來，她照做了，接著他就把槍指向收銀員和琳達．畢林。搶劫過程中，維多．畢林走進房間，還沒有靠近，蒙面男子就火速向他開了兩槍。維多．畢林受了傷，跪在地上，但他還是想救其他人，於是他搶奪來福槍，緊握在手上。就在那時，搶匪再度向垂死的畢林開槍，並且舉起來福槍，朝兩名逃向出口的顧客開槍。高飛的子彈以毫髮之差，沒有打中顧客，而是擊中了門。畢林倒在地上，鮮血直流，兩名搶匪奪門而逃，搶走了兩千元。

一直到兩個月後，也就是二〇〇三年一月，警方因為另一樁並不相關的搶劫案審訊約翰．昆塔尼拉時，才盯上了他。在此之前的幾個月，他剛剛因為幾件竊盜案坐完牢出獄，現在又被懷疑犯了其他的案子。他在被扣押期間，突然供稱自己是殺害維多．畢林的凶手，他還告訴警方，哪裡可以找到那樁搶劫案的凶器。可是約翰．昆塔尼拉後來翻供，說他會承認犯案，是為了救他懷了孕的姊姊，瓊妮．羅德里格斯（Joanie Rodriguez）。根據昆塔尼拉的說法，她的丈夫洛奇．羅德里格斯（Rocky Rodriguez）和另一個名叫傑佛瑞．畢伯（Jeffrey Bibb）的人，才是這個搶劫殺人案真正的罪犯。

約翰．昆塔尼拉翻供的理由是，他是從真凶那裡聽到了所有犯案的細節，但是去他姊姊家訊問的警察，威脅他懷孕的姊姊說，她是她丈夫的同夥，最後會被判死刑。約翰．昆塔尼拉因此攬下罪行，好救他姊姊一命。他說，他不想看到姊姊的三個孩子和她肚子裡尚未出世的孩子，面臨和他一樣的破碎家庭。但陪審團不相信他的新說法，只相信他的第一個版本。他們判處約翰．昆塔尼拉死刑，他在二〇〇四年八月十二日，被送到波蘭斯基監獄的死囚區。

麥克．葛瑞茲克很快寫完了有關那名男子即將被處死的文章。他的手指在鍵盤上飛舞，下筆有如神助。他以前就來過這裡，可以說是熟門熟路。從一九八四年起，他就開始旁觀德州死刑執行過程。卅年來，他已經數不清自己目睹過多少男男女女在沃斯監獄行刑室死去。

「因為我看過太多死刑，外面甚至謠傳，我應該是覺得看到這麼多人死掉很有趣。所以，我就不再數下去了，我不想知道那數字。」他說。

但我想知道。有一個方法可以查出來。所有追蹤審判的媒體都是上市公司，有資料可查。而根據查閱結果，至今總計五百次死刑，麥克．葛瑞茲克參與過三百七十三次。我在亨茨維爾停留期間見到的人裡頭，他可說是參與最多次死刑。我沒有把這個數字告訴他，因為他寧可保持不知道的狀態。

「我來自密西根。那裡和瑞典很像，沒有死刑。我記得自己在一九八二年十二月，坐在美聯社的底特律辦公室裡，聽說德州執行了第一次死刑，那時我想，參加一次這種事件可能很有意思。顯然，我們應該小心自己許了什麼願。」他臉上帶著微笑說。

他如願以償。一九八四年三月十四日，接在查理．布魯克斯之後被處死的第二個囚犯是詹姆士．奧特里（James Autry），編號九九九六七〇。那時，麥克．葛瑞茲克已經從密西根被派到美聯社德州分社，他命中註定了要採訪報導死刑。從那天起，他多了一項工作內容，那就是每隔三週去觀看一個人接受死刑。「那時候每一件事都還很新鮮，我想到的第一件事就是，所有的媒體都駐守在監獄外頭，我數過，總共有廿六架電視攝影機。而我是走進監獄見證死刑。詹姆士．奧特里的一個朋友也在那裡。我永遠忘不了她的名字：雪莉。」

卅年前，死刑現場並沒有用玻璃窗把死刑犯和觀刑者區隔開來，他們之間，只隔著一道欄杆。他描述雪莉站在前方，緊壓著欄杆，與詹姆士．奧特里相隔呎尺。她哭個不休，吐出來的話全是被判刑凶手的雙眼有多美。

「她一直重複地說，『看他美麗的眼睛。看他美麗的眼睛』。然後他們展開行刑程序，讓死囚睡著。她略為平靜了些，但我們還不能走，一定要等他被宣布死亡之後才能離開房間。所以我們全都站在那裡，一言不發。奧特里被注射毒液之後，雙眼突然無神地張開來。就在那時候，她完全崩潰了，開始尖叫。」

他解釋說，那其實是不自主的肌肉反應，現在有時候是會發生那種狀況，但是當時他並不了解這箇中原理。他第一次目睹死刑最鮮活的記憶是：眼睛，以及一個希望愛人別死的女人所流下的眼淚。

而今天，又有另一個女人不希望她所愛的男人死去。這個早晨，在瑪麗亞．布雷姆的腦海裡，記憶翻湧——包括每一件發生過的事、每一件再也不會出現的事。她打開自己的行李箱，拿出她帶來的洋裝。她選了一件他最喜歡的綠色洋裝。她想，不知道這麼多年下來，他們互通過多少封信了。她忽然覺得好奇怪，自己怎麼從來都沒有想過要好好數一數，現在塞滿了她位在杜特蒙德（Dortmund）公寓書架上的那些信，究竟有多少封。在她寄出她第一封信之後，不過兩個星期，他的第一封信就寄到了。對監獄裡的時程來說，那可是破紀錄的神速；因為信裡的每一個字都得先被人仔細檢查過，才能放行。她還記得在那封信裡，他聽起來有多麼高興。他說自己一想到有個身在遙遠國度的朋友，就非常興奮。他在信中回答了她的各項問題，說他最喜歡的樂團是「聯合公園」（Linkin Park，美國加州搖滾樂團）和「金屬製品」（Metallica，美國重金屬樂團），不過他也是鄉村音樂樂迷，而在那個時候，他寧可聽肯尼．羅傑斯（Kenny Rogers）和喬治．史崔特（George Strait）的歌。他在信的結尾寫道：「我這封信還沒有寄出，就已經在期待妳的回信了。」

她說不出太出來這整件事是怎麼轉變的。他們的信在大西洋上魚雁往返。剛開始是每隔一週，然後頻率愈來愈高。他們談了很多不同的話題，在等待對方回信的同時，又開始寫別的內容的信。雖然他很害羞，但信中的字句日趨激昂。瑪麗亞．布雷姆告訴我，約翰．昆塔尼拉以前很習慣別人覺得他的意見無關緊要、沒有人關心他。她不斷和他說，在她的世界裡，事情並不是那樣：她想知道他在想些什麼，她想知道他對美國和德國發生的政治事件的看法，她想和他討論運動、環保、哲學議題，她想和他探討宗教以及任何想得到的事。剛開始，她必須誘導他說出意見來。每封信的開頭都是「我這兒發生了某某事，你怎麼看」？然後向他保證，他的看法很重要。後來，他變得願意放開來暢所欲言。他的想法有時候和她不一樣。她微笑著回憶他們如何透過紙筆爭辯，但是，一旦寫了什麼尖銳的語句之後，寄信和等待回信就特別煎熬。他們的爭吵，總在其中一方很快寫出另一封新的信說「對不起」之後結束。

瑪麗亞坐在床緣哭泣。這只是那天許多次哭泣裡的第一回，大滴的眼淚會不停地流滿她的雙頰。六個月前她的父親過世，悲慟尚未停歇，她無法面對失去生命中的另一個男人。對她來說，約翰．昆塔尼拉，就是她生命中的男人。這份感情其實是在無意間襲上心頭的。

他們彼此通信三個月的時候，約翰．昆塔尼拉在信中附上一張他自己的照片。瑪麗亞．布雷姆端詳照片好一會兒，她記得，她並不覺得他很吸引人；他不是她喜歡的那一型。拉丁美洲裔，她從來就不怎麼注意黑頭髮黑皮膚類型的人。而現在，她想著他的臉，想著自己現在的感受和過去有多麼不同。當他對她微笑時，雙眼閃著光芒。每當她踏入會客室，和他隔著窗戶對坐下來，那雙眼睛就會把他整張臉打亮。現在的她，滿腔愛意。她想著，好奇怪，自己竟然曾經有過看著他的照片，卻沒有感受到內心充滿溫柔愛意的時候。

瑪麗亞的生活，除了晚上和朋友出去、白天長時間工作，又多了第三項愈來愈重要的例行公事——打開信箱。她會瞥向窗外，看看郵差來了沒，然後望見他走過前院，最後踏上她家的台階。她記得自己很習慣傾聽郵差走了以後，門閣上的聲音，接著她會飛快去信箱那兒看看，是不是約翰寫了信來。七個月之後，那個被關在牢裡的男人寫信告訴她，他愛上了她。那時，她其實知道自己也有相同的感受。那讓她很害怕。

「我一開始的確充滿懷疑，不知道該如何思考這一切。我先要求自己，好好想想自己的感覺，想清楚到底我的感受是什麼，因為那非常重要。我遲疑最多的地方是，和他相戀到底是對，還是不對。他住在一個那麼漆黑的地方，他的人生如此黑暗。那樣是根本沒辦法和另一個人建立關係；你碰觸不到對方、不能親吻對方。同時，我也為他擔憂。我怕如果我告訴他，我想和他談感情，會給他不切實際的期待，而那些期待是永遠不可能實現的。那不是因為我個人造成的，是整個環境使然。」

她讓他等待。害怕自己的感受。也擔心他的感受。

她寫了信，告訴他自己的疑慮。她面帶微笑地回想自己那封信，信裡寫滿了詩句，還畫了花朵。他一開始是祝福她，也說要她慢慢來，把自己的感覺想清楚，想想自己要的是什麼，面對的是什麼。她記得，他有一次來信寫道：「我知道我要什麼，我在等妳。如果妳決定不愛我，妳不想要我們兩個在一起，妳仍然會是我的朋友。」

那些字句讓她做出了決定。她寫回信跟他說，她也愛上了他。她像是熱鍋上的螞蟻那樣等待回覆。兩個星期之後，她收到了回信，信很短，但充滿狂喜：

「妳說妳愛我！哦，天哪！」

「我一直或多或少認為，我是想和他在一起的。在面對了自己所有的恐懼之後，顯然，那就是我要的。我明白，我想要和他共度一生，而如果那人生最後是以死刑告終……好，那就這樣吧！」她說。

這一天，正是那一生以死刑告終的日子。上午七點四十五分，瑪麗亞．布雷姆的車子停進了利文斯頓監獄外的停車場。那座監獄裡關著她的丈夫以及德州其他受刑人。她走向大門，這是她第九十三次造訪。她沒有計算次數，是她先生算的。打從她第一次站在這座關押死刑犯的監獄大門外，已經過了兩千零六十三天了。他們是在二〇〇七年十一月廿四日真正第一次見到對方，那一天至今，總計五年七個月三週又三天。她記得自己在那天通過安全檢查哨。而在那一天，整個世界充滿了紛紛擾擾——阿富汗發生了一場自殺炸彈攻擊，有六個人死亡，其中大多數是兒童；巴基斯坦也在類似的情況下，有卅多人喪生；印度高哈蒂省學生示威現場失控，有十二個人被殺；上海一座加油站爆炸，造成四人死亡、卅人受傷。但在那特別的一天，那些新聞報導對這對情侶來說，一點也不重要。儘管在其他的狀況下，他們總是津津樂道地討論各式各樣的新聞。那天晚上，當瑪麗亞．布雷姆在利文斯頓上床睡覺時，一切全都改變了；與此同時，一切卻也是那麼的理所當然。

在那次會面以前，她其實沒有什麼時間多想。那個週六的下午，當飛機從阿姆斯特丹飛抵休士頓時，天空正下著雨，天色陰暗。會面時間預訂在晚上八點，前來接她的是一個她透過網路認識、反對死刑的女性，她讓瑪麗亞有地方住、有車子用，給了她友誼的溫暖；但那天晚上，她開車錯過了該轉彎的路。她們在約定時間還差十五分鐘就遲到的時候，抵達監獄停車場，衝向安檢哨，急得差點沒法呼吸。

「我們焦慮得不得了。然後，在我還沒意會過來之前，他來了，坐在我的正前方。我一下子還沒回過神來，我很高興看到他，但這一路以來發生的各種事，讓我也很緊張：搭機飛來美國、走進死刑監獄、坐下來手拿著電話、對著玻璃窗戶另一端談話好幾個小時。我不知道我們能不能一直這樣講下去，擔心當我們真真實實地見到對方，感覺會不會還是一樣。但那個時候，他就只是坐在那兒，看著我，開心地笑著，嘴角闔也闔不攏。那感覺很棒。」

她拿起電話，那是她第一次聽見他的聲音；那個男人和她通信了一年半，她愛他愛了一整年。現在，她總算知道他說話的聲音是什麼樣子；她也立刻喜歡上他說話的方式。

「一開始說的大都是『你好嗎』？或是『旅途可好』？我全力把焦點放在很實際的事情上。我問他，是不是應該去販賣機買什麼給他，諸如此類。」

但對話幾乎立刻轉了向，變得更輕鬆自然。約翰看著她身上穿的衣服，讚美衣裳。讚美她。

「他說我很美。」她邊說邊微笑。

結束這場初相見，離開監獄時，她知道自己對這段感情做了正確的決定。她愛那個男人。

她記得他們第一次相見，也記得她坐在同一個地方和他最後一次的會面。那是二〇一三年七月十六日上午八點十五分，當時的心情和平時截然不同。直到那時，他們都還是試圖打起精神，保持正面樂觀。在最後相聚的幾個小時，他們繼續討論他那希望不大的上訴案。他也再次表示，他希望在最後的時刻，她在場；她也再次回答說，在最後的時刻，她想在場。他們做了他們已經做過很多次的事：隔著玻璃，手貼著手，強調對彼此的愛。

「我認為我從這段情感關係上學到了一些事。我變得更加柔軟，更懂得表達和接收情感。和一個男人相愛七年，明白自己永遠不被准許碰觸他，真的很難。但慢慢地，你也懂得用別的方式靠近彼此：知道他親吻過你手上握著的那封信、他的嘴唇碰觸過那張紙，一切突然變得如此美好。當然，每個人都需要與人親近，有時候就只是想要一個吻或一個擁抱，但那卻不可得。真的很難。但於此同時，我也很喜歡我們這種關係的一件事：我們非得把重點放在情感和思維上不可，因為那就是我們擁有的全部。我們所做的、約翰所做的，就是直視我的靈魂深處。正常關係下的人，往往不會去花時間做那樣的事。」

她重複使用相同的說法：正常關係。她說，她以前也有過一般人的感情關係。她會為襪子扔在地上、馬桶座墊沒有扶起來之類的小事爭執。而她明白，她和坐在她對面那個男人的關係，永遠沒有、也永遠不會包括那些事。

「我們的關係像是待在一個小泡泡裡，外頭的人看到的是那些我們沒能擁有的東西：一個家、共同的朋友、外出活動、身體的接觸。但我很清楚，很多夫妻從來沒有像我和約翰那樣，努力試著去了解對方；我們一定得那麼做，因為我們沒有別的時間在一起，去看場最近的電影或是電視上播放的球賽。我們有的就只是彼此，這是為什麼我和約翰的關係會那麼緊密。我知道我可以和約翰分享每一件事，他都很感興趣，他從來不會說：「妳實在想太多了，那不重要。」好像我內心最深處的每一件事都和他內心最深處的事息息相關。我以前的任何經驗，都比不上我倆擁有的關係。」

她說，對約翰的愛，改變了她自已。而那改變不僅只於他們彼此之間的互動。

「他讓我更關心別人的感受。我的工作很繁雜，讓我有時候忘了好好說話，就只是下指令給別人。後來我猛然發現，我與人說話的方式開始改變了。我不再說：『做那件事，』而是說：『可以請你做那件事嗎？』我不再咄咄逼人，這都要感謝他。」

她微笑。

「不管發生任何事，我都很高興自己答應和他共度此生。」

她答應嫁給他的時間點，是在二〇〇七年的十二月四日。那是她那趟旅行的最後一次探訪。為了見到彼此，他們依據監獄規定，全力安排好時間。獄方只准每個月會見四小時，每週一次。星期天是一週的開始，所以，要是瑪麗亞在週六飛來，而且是那個月的最後一個週六，她就可以在那天晚上去探望他，然後在周日開始新的一週的那天，再去看他一次。然後新的月份開始，又是新的一週。如果計劃得好的話，瑪麗亞飛來待上十天，就可以見到他最多次，整整四次。她算得清清楚楚，他也是。

那天她準備好去看他的時候，她知道那是那段時期的最後一次探視，而她的第六感告訴她，有事情會發生，她的內心翻騰，渴望著。她非常確定自己的心，而時間又是那麼的寶貴。在整個對話過程中，她焦急地等待。她幾乎聽不清楚他在說些什麼，這種情況以前從來沒有發生過，她全心等待著，盼望著。

「他很害臊，試了好幾次，卻沒辦法把話說出口來。最後，他壓低了自己的聲音，靜靜地說了，我差點沒聽見。」

她望向地板微笑，回憶他說出的這番話：「我想跟妳說，妳是我人生的摯愛。我非常愛妳，妳對我非常重要，妳為我的生命帶來好多好多快樂。妳願意嫁給我嗎？」

瑪麗亞．布雷姆回答道：我願意。

接下來是歷時八個月的行政程序。要填寫大量的表格。表格填好以後，瑪麗亞把文件帶到利文斯頓法院，領到了結婚證書。她找到一個位在湖邊的絕佳地點，距離約翰的牢房只有幾公里遠。從他在艾倫．B．波蘭斯基監獄隔著玻璃窗向她求婚那天，到二〇〇八年秋天，他們兩個為了完婚花了將近一年的時間。婚禮當天，新郎無法到場，原因可想而知。由他的母親擔任他的法定代理人。瑪麗亞挽起頭髮，身穿粉紅色禮服，手裡拿著一把百合和粉紅色塑膠花紮成的花束。當瑪麗亞．布雷姆和約翰．昆塔尼拉的母親，在法官面前訂下永恒的誓約時，陽光閃耀。

「我為約翰製作了一份關於婚禮全部過程的檔案，雖然他不能出席，卻可以坐在牢房裡，分分秒秒跟著流程走，知道我們說了什麼，做了什麼。」

在瑪麗亞的要求下，婚禮中，他們讀了一段聖經，那是使徒保羅致哥林多前書。內容是，愛是恆久忍耐又有恩慈，愛是不嫉妒不張狂，不喜歡不義，只喜歡真理。愛是凡事包容。

婚禮結束後，瑪麗亞．布雷姆和約翰．昆塔尼拉的母親開車到監獄去探望約翰，她們的先生和兒子。

那次探監延遲了很久，穿著結婚禮服的瑪麗亞坐在那裡等了快兩個小時，然後約翰終於被人從牢房帶到了會客室。

「那經驗真的好特殊，因為那時候可以說每個人知道我們結婚了，所以其他犯人和訪客紛紛道賀。約翰進來的時候，有個女牧師開始高唱『結婚進行曲』，這其實是不被准許的，但警衛並沒有要求她停下來別唱，而是讓她一路唱完。那天真的很讓人興奮。」

我問瑪麗亞・布雷姆，約翰・昆塔尼拉看到她時，說了些什麼。

「他很喜愛我的粉紅禮服。獄方不准我穿白紗禮服，因為犯人都是穿白色的，所以我不能違反規定。但他很喜歡我挑的粉紅色，那是他最喜歡的顏色，我後來在信裡提過很多次。他每次看到我穿粉紅色，都很開心。」

然後，瑪麗亞・布雷姆起身去販賣機為兩人各買了一塊核桃派。獄警拿了一塊進去給約翰，她自已留了另一塊，算是他們的結婚蛋糕。他們一起吃核桃派，透過電話朗讀結婚誓言給對方聽。現在她回想起來，認為那才是她真正的婚禮時刻。

「我知道有那麼一票女性愛上連續殺人犯。但我只是一個恰好愛上約翰的人，和他結了婚。約翰不是殺人凶手，我以前不相信他有罪，現在也還是不相信他有罪。」

她很清楚其實還有別的和他們類似的案例。據她說，她並不是有史以來第一個嫁給死刑犯的女性。每天都有情書一封封地寄到波蘭斯基監獄和世界各地的監獄。

最聲名狼藉的是連續殺人犯、強姦犯和戀屍癖泰德·邦迪（Ted Bundy）與他以前同事卡蘿·安·布恩（Carole Ann Boone）結婚一事。儘管政府接連派了五名律師給邦迪，他卻堅持為自己辯護。一九七九年，他要求傳喚卡蘿·安·布恩到證人席作證，當場向坐在證人席的布恩求婚，而布恩也接受了。根據加州法律規定，如果兩人在法院法官面前表達結婚意願並當眾宣誓，就算合法結婚。邦迪趁機結了婚。這段婚姻維持了七年，兩人還在一九八二年生下了一個女兒。女兒出生四年後，也就是一九八六年，卡蘿·安·布恩要求離婚，還把自己和女兒的姓都改了，然後搬離加州，沒有人知道她們現在的下落。

女性嫁給終身監禁囚犯的案例，不是只有美國才有。被判處無期徒刑的瑞典牧師海格·佛斯摩（Helge Fossmo），就在獄中再娶。儘管這名牧師的前兩任妻子，都是死在與他同住的房子裡，但一名來自瑞典斯坎市（Skåne）、時年卅歲、已有三個孩子的女性，還是決定在二〇〇七年與他終身相許。丹麥最著名的例子是連續殺人犯彼得·倫汀（Peter Lundin）的故事；他先殺害自己的母親，再殺掉女友和她兩名孩子。至今，他已在獄中結過兩次婚，兩次都是娶了心理系學生。回頭再看美國，在死囚監獄舉行婚禮的另一起知名案例，是前花花公子女模安娜·艾瑞克森（Anna Eriksson）下嫁萊爾·梅南德茲（Lyle Menendez）。此人與他弟弟同謀殺害了住在比佛利山的有錢父母，在東窗事發前，兩兄弟靠著遺產過著奢華的日子。不過，那場婚禮祝福並沒有發揮什麼效應，一年後，安娜．艾瑞克森發現丈夫和別的女性暗通款曲，雖然只是互換信件，但在她看來，就足以表示丈夫對她不忠。

瑪麗亞．布雷姆很快就要看到自己的丈夫被處決。她認為，別的殺人犯和筆友交往的故事，都和她無關，而且也很難想像。

「認識我的人都知道我腦筋很清楚，我沒有失去理智。我一開始在還沒有了解他以前，也覺得很難相信他，尤其是我也聽過類似的故事——有些死刑犯情不自禁愛上五個女人，也有人真的誰也不愛。就算是身在監獄，他們還是可以背叛妳，只是方式不同罷了。他們可以寫信給別的女人，告訴他們同樣的事。但約翰永遠不會那樣做。」

她曾鼓勵她丈夫結交其他筆友，但她說，他很害羞，除非你真的對他要說的話感興趣，否則他很不容易說出什麼來，所以持續和他往來的人不多。她相信，他們在一起的那些年，他從來沒有和別的女人有過任何情感關係。

「在我還不了解他以前，另一件事讓我不安的事，就是錢。聽說有女性被騙錢，騙走的數目還非常可觀。但約翰從來沒有要我給他一毛錢。有一次他提到他的收音機壞了，我轉了一點錢過去給他，好讓他買新的。我一年會給他一兩百元，其實等於是在一個正常關係裡，送給對方生日禮物或聖誕禮物，或吃一頓好的晚餐那樣。」

他們已經結婚四年半了。

「我們的婚姻關係很好。我不可能找到比他更好的男人。我們有時候看法是不相同，但我覺得那很正常。我們雖然並不是在每件事情上都立場一致，但總的來說，我們的婚姻充滿了愛與和諧。」

當他們最後一次兩相對望的那一天，她也是這樣告訴他的。她說，她不後悔嫁給他；她不想要別的丈夫；她愛他。他們其實沒有真的道別，因為他們仍然對他的上訴案抱持希望；律師遞出了新的文件。那天中午十二點她站起身來、最後一次把手和唇貼向玻璃窗。她沒有告別，而是說：「星期一，我們會再見面。」她衷心希望上訴案會被接受。

「也許我應該表現得更不開心才對，但整個情況實在是太不真實了。事情到最後變化太快，讓人措手不及。持槍警衛把我們送走，一路跟著我們到車子那裡，這情況以前從來沒有發生過，因為那是他行刑的日子，他們要確定我們真的離開監獄，而且沒有要試圖做任何事情。」

通常碰到這種情況，麥克．葛瑞茲克會在行刑前的一兩天去訪問死刑犯。但約翰．昆塔尼拉拒絕見他，他那一週回絕了包括我在內的所有訪問要求，他只想和他太太與他母親在一起。

麥克．葛瑞茲克說：「所有即將被處決的人犯，我都會問他們是否願意和我見面談話。我的夢魘就是有人躺在行刑床上說：『都沒有人想要聽聽我的版本，沒有人願意聽我要說的話。』只要我還做這份工作，那種事就不會發生。它絕對不能發生。」

有些囚犯，他會見好次面，不只是在行刑前。其中有很多囚犯，他訪問次數多到讓他開始喜歡那些人。比如說吉姆．畢薩德（Jim Beathard），他是在一九九九年被處決的殺人犯，他殺了三個人。

「他的個性很迷人又有趣，說話有重點，非常聰明。他做下了可怕的事，被逮到了，但當你和他說話的時候，他是很棒的那種人。」

他說，碰到那種情況，你就必須先把自己的情感留在車子裡，然後再走進行刑室。

「我會等到事情過後再去想。但是在事情發生時，你必須牢記自己在那裡是去工作，就好像是去看一場球賽。當然我不是存心這麼說，我的意思是，就算在場上的是你最支持的家鄉隊，該做的工作還是得做。如果讀者在看你寫的報導時，看得出來你明顯倒向自己的家鄉隊，那可不行。」

他說，是有好幾次他很難做到不帶任何情緒。像是一九九二年處決羅伯特．布萊克（Robert Black）那次。麥克．葛瑞茲克訪問過他很多次，在進到行刑室觀看他的死刑時，布萊克望著他說：「嗨！麥克，你好嗎？」

「那實在太詭異了！我不知道該怎麼回應，什麼也沒說。」

後來那種情況又發生過兩次，他的反應還是很吃驚，但現在他會點頭，表示他有看到他們。同時，他也說道，由於受害者家屬也在同一個房間裡，他不希望讓他們覺得，他是那個即將受死的男人的好朋友。

麥克．葛瑞茲克和瑪麗亞．布雷姆將在幾小時內旁觀死刑，那場死刑的受刑人則是正手腳銬著鍊條，被帶進波蘭斯基監獄中庭裡的一輛白色小型巴士。他的兩旁有持槍警衛看守，小巴前後方，各有幾台搭載了數名武裝人士的汽車同行。約翰．昆塔尼拉前往亨茨維爾的旅途開始了。

瑪麗亞．布雷姆也到達了她心愛男人要被處決的那個城鎮。她把車子停在一個大型的磚造房子外面，房子前有很多盛開的紅色天竺葵。那房子被稱為「招待所」，距離監獄走路只要幾分鐘。受刑人家屬都在那裡度過死刑執行之前的最後幾個小時。

「你確確實實地意識到最壞的事情要發生了，卻還是抱著一絲希望。我不斷希望他其中的一個上訴案子會被通過。你想的不只是如果他被處決了，會發生什麼事？你同時也想，如果他沒有被處決的話會如何?你想像他被載回去利文斯頓,我們會有更多次見面的機會,他可以繼續活下來,繼續成為我生命中的一部分。但也只是把死刑推遲到未來,我們不是在談特赦,只是在談如何延後死刑;這表示,如果這次沒有行刑,我們會重新歷經一次這樣的折磨。」

瑪麗亞・布雷姆下了車,慢慢踱步到招待所入口的雙扇大門。這棟房子蓋於一九八六年,距今將近卅年,期間已經有上千名囚犯家屬在那裡待過,一人只需要付幾塊美元,裡頭會有一位名叫黛博拉・麥卡門(Debra McCammon)的牧師娘提供幫助與安慰。以前瑪麗亞都是由朋友帶她進來,但今天,亨茨維爾招待所是她度過這最後幾小時煎熬的避難所。她得到了慰藉,還有一杯咖啡和一個三明治,但她只想要一個人靜一靜,想要獲准和約翰說話。她看著電話,電話沒有響;她閉上眼睛,想像他在最後那個時刻即將面對的那些程序,想像他是如何從利文斯頓監獄死囚區被帶到亨茨維爾來,想像獄方如何幫他照最後一張相、取得最後的指紋,想像他被鎖在牢房裡度過最後幾小時,以及最後他被准許打電話給她。

她在房裡等了卅分鐘,期盼已久的電話鈴聲劃破寂靜。她拿起行動電話,步入中庭花園。陽光耀眼,氣溫是暖和的攝氏三十一度。他們什麼都談,也什麼都沒談。她坐在花園裡,鳥兒在樹梢鳴唱。她把電話伸向空中,好讓約翰可以聽見鳥鳴。這是他十年來第一次聽到外面世界的聲音。他很開心。她想讓他聽見別的聲音,擁有更多體驗。花園裡有座小噴泉,瑪麗亞把電話拿到噴泉上方，把電話貼近水邊，讓他聽見淙淙水聲。然後她用電話放了一首歌給他聽，那是黎安·萊姆絲（LeAnn Rimes）的歌：〈你照亮我的生命〉（You Light Up My Life）。

你照亮我的日子
You light up my days
用歌聲塡滿我的生命
And fill my life with song
感覺如此美好，不會錯的
It can't be wrong when it feels so right
因爲你，你照亮了我的生命
'cause you, you light up my life

「我們聽著那首歌，那時我才明白，他真的要死了。」

下午五點，一個女的拖著步伐，慢慢走近瑪麗亞。瑪麗亞手裡拿著電話坐著，問她是不是聽說了什麼消息。

那女子點了點頭。看到她臉上的表情，瑪麗亞心中了然。她嚥了嚥口水，告訴電話另一端的約翰，他們的上訴案被駁回了。

「他聽了以後，做出的第一件事就是大聲重複她的話，讓他四周的獄警知道此事。他告訴我他沒事，叫我不要難過。然後有人告訴他該掛電話了。約翰最後對我說的話是：『掰掰，寶貝。』然後他放下了電話。」

從招待所到監獄，只需要走三百二十公尺的路。她不斷抽菸，也不知到底抽了多少支菸，很多很多。她和約翰的母親與姊姊，被帶到了等候室。

「我一直哭，畢竟我們都很震驚。那是唯一一次他們沒有檢查我們的身分證件，真是奇怪，但他們搜了我們的衣服和皮包，確定我們沒有暗中夾帶任何違禁品進監獄。五點十分起，我們就只能坐在一個類似食堂的地方，癡癡等待。」

他們坐在那裡等了將近兩個小時，等約翰．昆塔尼拉做好接受行刑前的準備。他沒有吃到最後一餐。德州在二〇一一年九月決定不再提供這項禮遇，因為之前的死刑犯勞倫斯．盧梭．布魯爾（Lawrence Russell Brewer）要求吃八樣食物，最後卻拒絕進食，以示抗議。這個舉動激怒了一位民主黨州參議員約翰．惠特麥爾（John Whitemire），他寫信給典獄長，要求立刻停止提供最後一餐給死刑犯，這一餐也就因此取消。獄方只給了約翰．昆塔尼拉一頓普通的監獄餐點，今天的食物是一些肉。然後，七點過七分，他在旁人的陪同下，從他的牢房走了八步路，到達行刑室。

他是自己走去的。

「只要一想到這件事，我心裡就充滿憤怒和厭恨。」瑪麗亞．布雷姆說。

「我們都說，那是八年多以來，約翰第一次沒有在牢房外戴上手銬，他終於脫離了鐐銬的束縛。可是，在好不容易脫離鐐銬以後，他必須做什麼呢？就是走向自己的死亡。他們怎麼可以那麼做？怎麼可以強迫人家或想要人家在沒有被強迫的情況下，自己走向死亡，自己躺到行刑床上，讓別人來殺掉他？那就是他們期盼的。」

她說，該說的話、能做的事，全都做了，她的丈夫別無選擇。

「可以想見，如果他試圖抗拒，他們一定會強力執行。他們卻期待他自願參與這場遊戲，實在太可怕了。」

晚上七點〇八分，一名警衛過來帶她。他沒有告訴她時候到了，只是叫她跟他走。瑪麗亞．布雷姆走上台階，再走出門。她和約翰的母親及姊姊，穿過街道，與警衛一起進入監獄。然後這三個人又被要求在那裡等，等待走最後幾步路、走進行刑室的觀刑室。那裡有兩道比鄰的門，一個給受害者家屬用；琳達．畢林，死者維多．畢林的妻子，本來要到那裡的，但她在最後一刻決定不出席旁觀殺害她丈夫凶手的死刑。但這對夫婦的女兒，維琪．林恩．赫松（Vicki Lynn Hessong），還有麗莎．畢林（Lisa Billings）和她們的丈夫，以及那個起訴約翰．昆塔尼拉的檢察官，都等在房間裡。這一天，距離他們的父親遭到槍殺，已經過了十年兩個月又廿七天。

瑪麗亞．布雷姆盯著那扇關著的門看，她想著，不知道裡面的畢林一家人在這個時候是什麼感受。

「我真的對他們有無限的同情。他們的摯愛維多，死得非常慘。但我確信，約翰不是那個殺他的人。」

她說，沒有證據可以證明人是他殺的。

「那只是個假的自白。雖然，承認一樁你沒有犯過的罪行，聽起來非常不可思議，但那種事的確比想像中要來得更常發生。一九八〇年以來，有超過三百個人經過DNA測試，證實他們是無辜的，然後獲得釋放。那些案例，有四分之一是在審判時被發現做了假供。那些心中絕望害怕、大多數缺乏家人支持或教育水平不足的人，為了結束自己的悲慘狀態，會在某個情境下說出什麼話來，是我們這些沒有參與其中的人完全無法理解的。」瑪麗亞．布雷姆說，她認為她先生就是一個典型的例子。二〇〇二年到二〇〇三年之間，他承認了一樁他沒有犯下的罪行，就是因為他認為自己這麼做，可以保護他的姊姊。

「但是如果你仔細看看這個案子，就會發現有幾件事很不合理。有一名彈道專家作證時說過，那起槍擊案中子彈射出去的方式，和約翰在他做出的假供詞裡描述的狀況不符。他沒有辦法據實描述的原因，就是因為他其實並不在場。而且沒有人可以指證他是凶手。約翰身高一百七十公分，有一個和他一樣高的女性證人，在作證時說，嫌犯比她還要高。真正的凶手，約翰的姊夫，就比他高了十公分。」

但是，不管約翰．昆塔尼拉怎麼認為，也不論他太太怎麼想，結局還是一樣。不管有罪無罪，現在被綁住躺在枱上的那個人，是她的丈夫。瑪麗亞．布雷姆踏進了觀刑室，承受人生的重大衝擊。

「看到他躺在那裡，四肢往外伸。我感到慌了。剛開始幾秒鐘，我體內的所有直覺都告訴我，趕快退出那個房間，離開那裡，逃得遠遠的。然後，我的眼淚奪眶而出。」

麥克．葛瑞茲克隔著薄薄的分隔牆，聽見瑪麗亞．布雷姆大聲哭泣。這位記者已經在受害者家屬停留的觀刑室就定位。他通常會選擇待在這個房間，而不是受刑人家屬房間，他寧願觀察受害者家屬的情緒反應。因為，受刑人家屬觀刑室，會更讓人難以承受，讓靈魂受到更大的折磨。他說，看到那些母親穿上她們最好的衣服觀看兒子受死，感覺非常詭異。有一次，一位受刑人的母親在行刑過程中當場崩潰，她倒在地板上，開始痙攣，就好像躺在窗戶另一頭她受刑的兒子那樣。還有一名婦女在死刑執行時開始尖叫，猛力敲打窗戶。許多人只能用嚎哭來宣泄自己的悲傷。

麥克．葛瑞茲克聽到了另外一個房間裡那名女子的哭泣聲，想到了他在那裡見到過的所有女性，想到這世上沒有什麼聲音可以像目睹兒子受死的母親那樣哀慟。他看著站在他前方的那些男女，他們為維多．畢林的死，前來見證正義被伸張；他們對隔牆傳來的聲響，毫無反應。他們把自己的情緒隱藏起來。畢林的其中一個女兒，為了不錯過任何一絲細節，臉緊靠著窗，鼻子幾乎碰到玻璃。而在她身邊，同樣把鼻子緊靠在窗前的，是盡全力讓約翰．昆塔尼拉被判處死刑的檢察官德克斯德．伊福斯（Dexter Eaves）。

「那是一樁冷血殺人案。」檢察官伊福斯後來在那天晚上說：「約翰．昆塔尼拉的供詞，完全不涉及任何脅迫。」

麥克．葛瑞茲克在他的筆記中，記下了躺在行刑床上的男子，向他太太所站的那個房間快速地看了一看。約翰．昆塔尼拉向她微笑，然後望向天花板。受刑人並沒有望向另一扇被受害人女兒和檢察官緊緊靠著的窗戶。

約翰向瑪麗亞微笑。但她沒有看到。一切發生得太快，他們可以四目相接、做最後道別的時機，一閃即逝。她所站的地方，窗緣下方的高度略高於腰部。她看到丈夫的臉，八年前她第一次見到那張臉的時候，印象並不深刻，但現在她深愛那張臉上的每一道線條。她試圖吸引他的目光，想用自己臉上的表情讓他平靜下來，但他沒有望向她那邊，目光直視天花板。

「我相信這一切對他來說太可怕了，他想要堅強起來，不想要軟弱，但我從他的表情看得出來，整個情況實在是太讓人覺得羞辱了。他總是很害羞，而像那樣躺著、在那些恨他入骨的人面前示眾，我可以想見他有多痛苦。」

時間是二〇一三年七月十六日晚上七點十七分，典獄長問受刑人有沒有什麼遺言要說。

麥克．葛瑞茲克已經把筆記本準備妥當，雖然他明知自己晚一點可以拿到受刑人當場說的全整版本，他還是想親自把那些遺言記錄下來，以防萬一。畢竟在那種時候，任何事都可能發生。他記得死刑犯強納森．諾伯斯（Jonahtan Nobles）在毒液流入體內時，開始唱〈平安夜〉，唱到第三句「照著聖母，也照著聖嬰」，開始昏迷。對麥克．葛瑞茲克來說，從此以後，聖誕節再也不像從前那樣了。

他記得龐柴·威克森（Ponchai Wilkerson），那個在艾倫·B·波蘭斯基監獄劫持過人質的死刑犯，躺在推床上時，從嘴裡吐出了一支手銬鑰匙來。沒有人知道那鑰匙是怎麼到他那兒的。他記得卡爾·金納門（Carl Kinnamon），他的遺言說個沒完沒了，為的就是要拖時間，肖想拖到日出時分，就可以讓當局對他執行死刑一事失效。他記得杰西·荷南德茲（Jesse Hernandez）的遺言是感謝達拉斯牛仔隊（美國國家橄欖球聯盟德州球隊）成為他生命中光亮的來源；這遺言讓葛瑞茲克微笑起來。他還記得，強尼·法蘭克·嘉瑞特（Johnny Frank Garret）先是感謝家人對他的愛與支持，緊接著說「世界上的其他人通通給我去死吧」。

「我也絕對忘不了陶德·威靈漢（Tod Willingham）最後的遺言，因為他的案子新聞媒體報導得很大，很多人都認為他是無辜的。」

威靈漢因為縱火燒死他的三個小孩，被判死刑，但許多人相信他並沒有犯下這樁罪行。他的遺言被引述了無數次，官方版本是用這些字來結尾：「我愛你，蓋比。」德州刑事司法廳網站記錄的遺言是這麼敘述：「其他聲明內容因語句褻瀆而省略。」實際上，陶德·威靈漢最後那段話，是直接對著他站在觀刑室的前妻說的：

「我祝妳在地獄裡腐爛，婊子！我祝妳他媽的在地獄裡腐爛，婊子！妳這個婊子，我祝妳他媽的爛光光，賤人！就這樣。」

「我從來沒有聽過死囚犯說出這麼多髒話，從來沒有！所以我特別記得他。但如果讀過關於這個男人有多麼無辜的相關報導，就絕對想像不到這些字眼會出現。」麥克．葛瑞茲克說。

現在，麥克．葛瑞茲克站著，準備好筆記本，這是他第三百六十四次旁觀死刑犯說出他們最後的遺言。

約翰．昆塔尼拉像其他絕大多數死刑犯那樣，接受了這最後的機會。他簡單扼要地說：

我要感謝我太太這些年來帶來的快樂，我要說我愛她。就這樣了，典獄長。

話一說完，暗號傳到了隔壁房間的行刑者那裡，他開始將戊巴比妥致命毒劑注入約翰．昆塔尼拉的身體裡。

「絕大多數人都沒有看著自己愛的人死去的經驗。眼看你愛的人在你面前被謀殺？……你無論如何，都不可能為那一刻做好準備。」瑪麗亞．布雷姆說。

當毒液開始發揮作用，約翰．昆塔尼拉深深地吸了六口長長的氣。

「他慢慢窒息而死的那種聲音，揮之不去。我一而再、再而三地聽到那個聲音。它和別的聲音都不一樣，你聽到了就會明白，那聲音你一輩子都忘不了。」

在另一個房間裡，麥克．葛瑞茲克站在那裡，把剛剛發生的事記在本子裡。

「打呼六次，咳嗽一次。」他寫道。

「我以前都會記下比較多的行刑過程細節，美聯社編輯總會把它們拿掉。但現在，死刑開始受到更多質疑，買賣戊巴比妥毒劑成為一個問題，他們又開始要求我把各種細節寫下來。」

約翰．昆塔尼拉在晚上七點卅二分被宣告死亡。一片白布覆蓋住他的臉龐。畢林一家人和麥克．葛瑞茲克離開觀刑室。瑪麗亞．布雷姆、昆塔尼拉的母親和姊姊，都必須等畢林一家走了以後，才能輪到他們離開。

瑪麗亞．布雷姆從行刑室出來的前幾分鐘，一輛後方載了一個揚聲器的白色小型卡車開到停車場外，新聞媒體和一群示威者都等在那裡。當大門打開，瑪麗亞．布雷姆哭著從門裡走出來時，揚聲器播送出一首歌，那是丹麥流行音樂二重唱奧爾森兄弟（Olsen Brothers）贏得歐洲電視網比賽大獎的歌曲：〈乘著愛的羽翼飛翔〉（Fly on the Wings of Love）。

「那是我給約翰送別的禮物。」瑪麗亞說。

「這很難解釋。八年來，我們不得不遵守監獄和懲戒體系的所有規定，那是一種邪惡的遊戲，所有的事都被別人決定好了，你別無選擇，只能服從。但是在我內心深處一直有個人坐在裡頭尖叫，因為那些法律和規定的最終目的，就是要把一個人給殺掉。它們全然違反了我這個人和我所相信的一切。我一直都覺得，要是最壞的事發生了、要是他離開了，至少在最後的時刻，應該照我要的方式來做。就算他是被處死的，那也算是他離開了我們兩個都很痛恨的那個地方。現在他終於自由了，我要他的靈魂乘著愛的翅膀高飛，那是我播放〈乘著愛的羽翼飛翔〉的原因。那是我給他的訊息——飛走吧，轟然遠颺。飛吧，飛吧，我的愛！乘著愛的羽翼飛翔。」

麥克·葛瑞茲克錯過了那段音樂；他一直不知道那名寡婦如此華麗地為她丈夫送別。當那樂聲迸發開來的時候，他已經穿過大街、坐在新聞室裡。他打電話給芝加哥編輯辦公室，告訴他們行刑結束了，並且給了他們昆塔尼拉死亡的時間和他的遺言。當那些在美國另一個城市的編輯們發送出他第一個新聞版本時，麥克·葛瑞茲克檢查了他開車去亨茨維爾之前先準備好的兩條稿子。這兩則稿子的其中一條，永遠不會見報，因為它寫的是約翰·昆塔尼拉仍然活著，死刑在最後一刻被延遲了。他把那條稿子刪除，然後打開另一則備好的文稿。這則新聞報導的是約翰·昆塔尼拉已經死了。他會選用這一條。他傾身向前，開始把發生在死刑室裡的細節補進稿子裡。於此同時，一輛汽車停到了沃斯監獄外。

那輛汽車停在監獄外，引擎沒有熄火，它是被安排來接瑪麗亞·布雷姆的車。瑪麗亞坐進車裡，車子開往約翰．昆塔尼拉遺體送達的教堂，她要去那裡做最後的告別。「我就像山洪爆發那樣歇斯底里哭個不停，更糟的是，他們把我送錯地點，不是那個教堂。我到那裡的時候，完全崩潰，傷心欲絕，原本期盼可以和約翰說再見，結果發現自己到的是一家兒童讀經學校。我對牧師大吼，我非常生氣。」她說。

最後，她總算被送到了正確的教堂。瑪麗亞走進去，看到她丈夫躺在那兒。這是八年來她第一次被准許碰觸他——而他已經死了。她執起他的手，靠向他，親吻他的唇。她說，這彷彿是全天下再自然也不過的事。然後她坐在那個死掉的軀體旁邊，開始和她丈夫說話。

「他沒有回答。那時候，我才明白，他真的走了。從現在起，只剩下我的聲音；他永遠不會出聲了。我感覺到可怕的孤獨，坐在那裡很久很久。我親吻他，和他說話，撫摸他。然後我傾身向前，最後一次吻他的唇，把被單蓋到他頭上，起身離開。」

晚上九點廿九分，最後更新的新聞版本發布了。麥克．葛瑞茲克今天的工作結束。他走到門外，準備開車回家。

「這是一場普通的死刑。」他說。

「普通的意思是指，它按照我們在德州學到的既定期盼進行。只是這麼說當然是很危險的，我不想讓自己顯得漠不關心。但今晚在這裡發生的事，不可能不做完。有個男人被處死了。除此之外，就再也沒有別的了，沒有別的超出普通範疇的事。」

他進到車裡，開車回家。一坐上車他才想起來，再過一天，他又要再進行一次相同的旅程。為了另一場死刑，另一個男人即將死亡。

還剩一天

One Day Left

7/17

范恩．羅斯（編號 999429）

01：00　睡覺

04：00　躺在床上

07：00　在日室，和另一個犯人說話

09：03　家人來訪，吃點心

12：15　被帶回牢房

15：30　站在門口，和另一個犯人說話

18：01　坐在床上

23：27　坐在床上，讀信

我爲我過去的人生感到羞愧，我祈禱上帝會原諒我。我希望天使會飛近人間。我很抱歉我讓世界變成今天這個模樣。

羅伯特．艾倫．史密斯（Robert Allan Smith），

一九九八年一月廿九日伏法

吉姆．布瑞索牧師低頭看著我們桌上的食物：四份鬆餅、上頭鋪著鮮奶油和草莓裝飾；滲出油的馬鈴薯餅、一堆同樣閃著油光的培根、炒蛋和煎蛋卷、熱氣騰騰的咖啡，一人一大杯檸檬水，裡頭盛滿了冰塊，這是德州風格。他笑著問，我們是不是真的會把這些全都吃完，我向他保證我們一定會。然後，兩小時過去，桌上的鬆餅吃到只剩一口，女侍把剩下一點點的培根和炒蛋收走，我們喝了第三杯咖啡。過去這兩小時，我們探討了生與死、信心與希望、快樂與悲傷、回憶與告解。是該走的時候了，但我們欲罷不能，沒有人要起身走人。

吉姆．布瑞索嚥了嚥口水，身體前傾。

「我想再說一件事，」牧師說。

他再聊下去的那個話題，讓女侍為我們端來第四杯咖啡。

我們待會兒再回來談那個話題。首先，我們比照吉姆．布瑞索說話的方式，在不同的時間和空間來回穿梭。聊聊那邊的某個回憶，談談現在發生的事件，談一個與眾不同的人生。

＊＊＊

他小時候常常生病，而且病得很厲害。吉姆．布瑞索十歲時，父母帶他去看醫生，他還記得那次檢查和醫生陰鬱的表情。他告訴吉姆，想和他爸爸媽媽私下談一談，然後把他趕到等待區，但牆壁很薄，根本擋不住裡頭討論的聲音。他聽到醫生告訴他父母，一定要把腫瘤切除，不然的話，這男孩活不過兩年。

「我在那時明白，活在這世界上每一天的日子，都是要珍惜的，我要儘可能明智地善用自己的時間。」他說。

從那天起，吉姆．布瑞索就一直聽到上帝的聲音。他小心翼翼地傾聽，隨時警醒著。他在十七歲的時候開始傳教，不到廿歲就成為教會牧師。空餘的時間，他去醫院拜訪孤獨的人，他堅定地認為沒有人應該孤單單地死去。在那裡有些什麼事是他應該去做，他只是不知道那是什麼，他在等待上帝的呼召。

有一天，他坐在辦公室閱讀基督教報紙〈浸信會標準報〉（The Baptist Standard），有篇文章詳細談到了一群神職人員去俄羅斯和烏克蘭探視那裡的囚犯。吉姆．布瑞索把那篇文章拿給他秘書看，告訴她那樣的旅行將是生命的一種恩賜。當時他的秘書好像並沒有像他一樣覺得去俄國監獄幾個星期，就是神的恩賜，所以這番對話也就不了了之。吉姆．布瑞索擱下那份報紙，沒再多想。但幾星期後，在一次教會會議上他得知他的秘書向教會建議，派他代表教會去一趟那樣的探訪，而她的提案獲得了熱烈支持和讚美歡呼。

「孩子，真希望妳知道我在那裡得到了什麼經驗。我在俄羅斯和烏克蘭監獄裡，了解到神對我這一生的旨意是什麼，我注定了要和囚犯一起工作。」

於是他做了決定。或者應該這麼說，他明白自己沒有什麼好多說的，神已經為他做好了決定。他當時和他的妻子及三個孩子住在德州奧斯汀，他擔任牧師，有一棟新買的房子。當他告訴太太他終於明白神對他生命有什麼樣的旨意時，發現她的想法與他完全不同。她愛上了教會會眾裡的一名男子，正準備要離開他。

「就好像被施了魔法一樣，突然間我失去了一切。後來在那年，我失去了我的妻子、我的家，我爸爸死了、我媽媽得了癌症……而且因為我離開了教會牧師的工作，開始為獄政體系工作，我的收入少了一半。我的人生徹徹底底地崩壞。」

但是，吉姆．布瑞索試著相信自己的信仰和信念，相信自己應該去做有用的事。他找到了一份在蓋茲維爾女子監獄的工作，不過他只在那裡待了四天之後，就接到一通電話。

「是亨茨維爾監獄典獄長打來的。他們的牧師再過一天就要離職了，但有一場死刑已經排定了日期，他們需要一位牧師立刻過來。他問我是不是有套正式服裝，是不是可以過來。」

吉姆．布瑞索回答說他可以。他形容自己第一次開車去沃斯監獄的時候，神經緊繃。早上八點，他把車子停好，見了典獄長，然後被帶去參觀監獄，後來，全世界沒有人比他更清楚其中的某個地方。他們一步步把整套死刑執行程序演練了一遍。上午十一點，他們接到通知說那場死刑被延期，犯人被送回了死囚監獄。吉姆．布瑞索則是留在死刑屋。

「那場死刑沒有要執行，我大大鬆了一口氣。這讓我有機會找到了方向。那裡有個小教堂，我覺得我像是回到了家。我喜歡那個監獄，喜歡那裡的人。」

他說他馬上就知道，他不想再回到之前的女子監獄。

「我去過很多地方的監獄。去過阿拉巴馬、阿肯薩斯，去過俄羅斯，我去過很多慘淡的地方。但唯一一個真的讓我害怕的地方，就是我之前工作的蓋茲維爾女子監獄。」

他解釋說，當他一到懲戒男性的監獄時，他知道可能會遇上什麼事。男性通常是在憤怒之下犯罪，在牧師與他們交談時，他們會平靜下來。但是，女性幾乎都是先遭到性剝削和吸毒之後，再犯下罪行。他說，女性在她們犯罪以前，就已經徹底被毀掉了，而男性則是在犯了罪以後，才被毀掉。

「我沒有任何不敬的意思，但是要接近女性比較困難；我不知道該如何對待她們。我可以接近男性，我可以幫助他們。但是碰到女性，我往往覺得自己什麼也做不成。」

他是不必一定得回到女子監獄。幾天之後，又有另一場死刑要執行。那場死刑後來執行了，而且吉姆．布瑞索也獲得了一份擔任監獄牧師的新工作，責任是在德州的男女死刑犯到達亨茨維爾的沃斯監獄時，在執行死刑當天的午餐時間和他們會面，然後在那天晚上他們死亡之前，隨時為他們待命。「我的工作就是傾聽。不是要叫他們說話，而是如果他們想說，我就聽。」

吉姆．布瑞索總是在這些死囚的死刑日之前的兩三天，先開車去探訪他們。他不想讓他們是到了死刑執行當天才看到他，把他當成陌生人，所以他一定會去利文斯頓，先向死刑犯介紹自己，問問有沒有任何事情是在那個時候到來之前，他們會想先知道的。而他們幾乎都想要先知道一些事。

「在死囚區的謠言很多。比如說，他們以為他們會被強迫戴上手銬。所以，我會告訴他們，不需要戴手銬。還有，在他們走去面對自己的死刑時，現場有他們認識的人，等待著他們。我希望那會讓他們好過一點。」

他也會在死刑到來之前，先提供死囚一些建議。他告訴囚犯，不妨想像自己好像置身在海洋當中，在海裡的他們有兩個選擇：看是要逆水游泳，還是隨波逐流。他告訴他們，讓自己隨著浪潮沖刷而去，會好過一些。」

一開始面對一九九五年那時進行的死刑，吉姆．布瑞索會設法了解每一件事，了解即將受刑的死囚。他會去閱讀和他們罪行相關的所有令人髮指的細節。

後來有一天，他去訪視一個死刑犯，他的罪行是闖空門。他把女屋主綁起來性侵，並殺死她兩歲大的兒子。之後，女屋主的兩名女性朋友來按門鈴，還帶了一個三歲的小女孩同行。他讓她們進屋，攻擊她們，性侵她們，再把三個人全都殺了。

「當我走進房間時，我對他極為鄙視。我試著和他談關於神的愛、寬恕和救贖……可是一切都很空泛。我愈努力去試，愈覺得自己講的話聽起來很空洞。最後我再也受不了了，就編了一個理由離開。我在現場已經準備好的靈車後面長跪不起，等待著，然後我又吐又哭，足足禱告了四十五分鐘。」

最後，他明白是哪裡出了差錯。在監獄裡的那個死刑犯，剛才見到的是吉姆．布瑞索這個人，但他應該要見的是神的使者。

「全世界的人都帶著痛惡看待那些死刑犯。有個女兒遭到殺害的父親給我一萬元，看看我能不能幫他說情，讓他可以進到那個殺他女兒的囚犯牢房。『我只要兩分鐘就好，』他拜託我。人們對這些囚犯有著諸如此類的心情。這些囚犯不需要多一個人去憎恨他們，但他們的確需要上帝。而我的工作就是擔任祂的聲音，所以我把關閉自己起來，讓凶手和上帝交談，而不是和我交談。」

這種作法後來證實是成功的。他用這種方法在擔任監獄牧師期間，歷經了一百五十七次死刑，支撐了那些家屬。吉姆．布瑞索至今已在德州的行刑室，見過三百多名男女被處死。雖然他們都是被定罪的殺人犯，但他幾乎都可以在他們身上看到一些善良的地方；至少大多數人是如此。

「有個年輕人想在他人生中的最後幾個小時，談一談他自己。他想對我告解他的罪，而那時我的工作就是傾聽告解。他告訴我，他如何闖進一名八十多歲的老婦人家，威脅她、搶了她的財物，然後強迫她為他做一頓飯。等飯做好了，他強暴她，還把她打了一頓。接著他把音樂打開，要那個可憐的女人和他跳舞。當他們跳舞的時候，他拿刀刺進她的背部，直穿她的肺，然後他緊握著刀，把她按向自己，當她開始咳血時，他彎下身來把她的血吸進自己的嘴裡，直到她死掉為止。」

吉姆．布瑞索搖了搖頭，有一陣子什麼也沒說。

「那個男人……那個房間裡充滿了罪惡。我擔任監獄牧師的這些年，那是非常少見的幾次被罪惡衝擊的經驗。他死的那一刻，我感到巨大的解脫。我不會對我自己有那種感覺而羞愧，那種感覺我只經歷過幾次。他終於從這個世界上消失了，真好。」

許多人想和監獄牧師談談他們犯的罪行。和前述那位只想談一談的殺人凶手大不相同，絕大多數人都是承認自己的罪，並請求寬恕。他們即將死亡，非常害怕，他們盼望天堂的確存在，也想要有最後的機會進天堂。

「我碰過一個多年來一直堅稱自己無辜的人，他竭盡一切可能向法院上訴，想要證實自己的清白，然後，在下午五點半，他說，『牧師，我要和你談談』。我說，好，接著就拉了把椅子和他一起坐下來。他開始敘述自己如何在犯罪後遭到逮捕，然後他打電話給他爸爸，他父親對他說，『兒子，別擔心，我會讓我的律師去找你，你就照著他的話做』。那個上午，他父親的律師一進房間就把文件擺在桌上，看著那男孩的眼睛說，『你聽好，如果你有罪，別告訴我，別告訴任何人。絕對不要說任何關於你有罪的話，因為要是你說了，就會有人聽見，他們就會置你於死地。絕對別說』。那個律師走了幾小時以後，男孩的父親進到監獄，望著兒子的眼睛問道：『我只問你這一次，我相信你不會騙你爸爸……你做了嗎？』兒子看著爸爸的雙眼說：『爸爸，我沒做，我是清白的。』那位父親相信自己的兒子，眼看自己無辜的兒子因為殺人案被捕入獄，他陷入絕望。後來，他把房子拿去抵押貸款支付律師費，還把自己的養老金提出來，用掉全家所有積蓄，好讓兒子獲得最好的辯護。但最後那個兒子還是被判處死刑。由於壓力太大，那個父親心臟病發作過世。現在，那個男孩已經成年，坐在我面前，告訴我整個故事。談到他媽媽即將在行刑室那裡看著他死去，他說：『我躺在行刑床的時候，會看見我媽媽的眼睛。她已經失去了生命中的一切，真的什麼都沒有了。在她的眼裡，我一定得是無辜的。但是在走到行刑室之前，我不能不坦承我的罪。我做了那件事，我有罪。』」

吉姆．布瑞索談到，在陪著那名囚犯進入行刑室以前，他如何與那名死囚一起禱告，並請求上帝赦免他的罪。果不其然，在那名囚犯的母親站在那裡時，他看著他母親的雙眼說，他是無辜的。然後，他就被處決了。

吉姆．布瑞索喝了口咖啡，告訴我，行刑之後，他又見過那死囚的母親幾次，她還是對自己的兒子在他死前坦承犯行這件事毫不知情。那件事只有吉姆．布瑞索和上帝知道。他說，那是很難承受的重擔。

「有時候，那真的是非常痛苦。就連行刑者在死刑執行現場也有助手，以防萬一有什麼事出了差錯。而我從來都沒有助手，因犯望著我，坦承他們虐待兒童、性侵殺人，而我不能告訴任何人。」

我想起珍．布朗說過的事，然後問吉姆．布瑞索到底發生了什麼事，讓他決定告訴她，詹姆士．奧圖．埃爾哈特最後承認他殺害了九歲大的康蒂．寇特蘭。

「我還記得詹姆士．埃爾哈特要被處決的那天。他實在是個令人討厭的傢伙，又髒又胖。他拒絕洗澡，因為他認為如果他很臭，監獄裡就沒有人會強暴他。警衛把他帶到死刑屋以前，必須用消防水管對著他沖，因為實在太臭了。他死前對我坦承犯罪，我也說不上來為什麼，當時我和他坐在那裡，就覺得我應該問他一下，是不是可以讓那個小女孩的母親知道人是他殺的。他說我可以告訴她。最後他躺在死刑床上時，並沒有說任何遺言。我覺得有點納悶，但我想既然他同意了，後來就把這件事告訴了她。對那位母親來說，知道他承認犯罪，意義很大。我希望有更多人可以讓我在他們死後說出這些事。」

有一家重要的美國製片公司在幾年前對吉姆．布瑞索很感興趣，他們聽說他的事，還出錢想要拍一部關於他一生的電影。

「但他們要求可以自由修改故事內容，我不能接受。我們談的是那些人的人生。而且我有義務尊重、保守他們的秘密。」

他笑了。

「那不會有很多錢啦。」

他估計，總計一百五十七位他陪著走向死亡的男人和女人當中，大概每十個人中會有一個人，在他們人生的最後一天向他告解認罪，然後自己走去躺在行刑床上，向在現場觀看的那些家人否認一切。他認為，他們大概希望自己的主動認罪，足以讓他們能夠被赦免自己的罪行，獲得永生。

「監獄的信仰，本身就是一個故事。」他笑著說。

「八月的時候，氣溫約攝氏卅八度，教堂是唯一一個有冷氣的地方。你要是知道有多少人在那時候轉來信教，就會明白大家有多想在那個時候與上帝和好。」

一九九八年二月三日卡拉．費伊．塔克的死刑，是他參加過印象最深刻的一次處決。卡拉．費伊．塔克是美國近代第一個被處死的女性。此外，她比較年輕、漂亮，還是一個重生的基督徒。那場死刑引發了巨大的騷動，吉姆．布瑞索用馬戲團來形容。他說，死囚區有廿個男性囚犯跳出來說要代替她死在行刑室。卡拉．費伊．塔克在她廿三歲那年，和男友一起謀殺了一男一女，分別刺了他們廿多次。

「死刑的原始目的，是要預防某些類型的罪犯再度殺人。如果卡拉．費伊．塔克被捕後獲得釋放，我確定她會再度殺人。但卡拉．費伊．塔克在死囚區待了十五牢以後，會不會再殺人？就另當別論了。被孤立十五年，肯定會對人產生影響。」他說。

他告訴我，卡拉接受死刑之前，心情不錯。他們一起禱告、交談。多年下來，他們已經成了好朋友。

「我打算過去和她的家人說幾句話，她問我可不可以在那時候讀一讀我的聖經。我說好，便把聖經交給她，也沒有再多想什麼。等我回來，時候就差不多到了。死刑執行了，對我們所有的人來說，都是一次考驗。眼睜睜看著她死，真的很令人難過，我在之後立即走出了監獄，有家基督教電視台正在進行現場直播，就在我經過時，我聽到站在攝影機前面的那個女人說，『我剛才和在死刑現場的那位牧師談過話，他告訴我說……』，我看著她，我這輩子壓根兒沒有見過那個女的，更不用說和她說過話。什麼時基督教電視台也開始說謊了？而且還現場直播？我哭著開車回家。」

第二天，他拿著自己的聖經坐了下來。卡拉．費伊．塔克曾經要求他參加她的葬禮，所以，他開始查閱聖經，想找出一段適合的經文，然後發現了她寫給他的一段訊息。

他的聖經封面是淺黃色皮革，書頁因為經常翻閱，有些折角。所以一打開的時候，就會看到裡頭有一段手寫文字，很瀟灑地寫道：

吉姆牧師，

謝謝你將耶穌的愛和陪伴帶入我的生命，現在你要帶我和祂面對面了。你，我崇拜的哥哥，因為你對那些行走在道路上的人，心存慈悲，所以上帝親手揀選了你。願上帝的恩典與平安持續照耀著你，願你所有的日子充滿榮耀！

我愛你

奉耶穌的名，

你的妹妹，卡拉·費伊

詩篇第十六篇第十一節

她提到的那段聖經經文，描述的是主如何不會將她的靈魂留在地獄的坑內，「你必將生命的道路指示我。在你面前有滿足的喜樂；在你右手中有永遠的福樂。」

我問吉姆．布瑞索那是不是真的——卡拉．費伊．塔克不會被留在地獄，而是會上天堂。他告訴我，他的確相信是如此。在她死去的時候，她的心中是有平安的。而他也的確不認為這是一份工作，而是上帝對他此生的呼召，要他幫助那些犯下重大罪行的人，讓他們在最後得以與上帝在一起。

「我有某種限度的自由，可以帶包香菸進到牢房，方便那些即將被處決的人如果想在最後抽一口菸時，可以吞雲吐霧一番。如果有人想要吃什麼特別的食物，只要不太貴，我都可以買來。然後，我幫他們打電話。他們有很多人是用最後幾個小時打電話道別。」

吉姆．布瑞索心裡還有一件事要談，按照吉姆的說法，有一個囚犯所犯下的罪「和罪惡本身一樣有罪」，不過即便如此，在他們在死刑屋共度的那最後幾個小時裡，這位牧師仍然對他深感同情。

「他告訴我，他還是個小男孩的時候，他的大姊就開始在夜裡上他的床，操控他，對他性剝削。後來，等到他十六歲，他的母親也到他的房裡，做同樣的事。他承受著難以置信的痛苦，難以擺脫。後來他很怕他自己，怕自己感覺到的事，所以他自願住進一家精神病診療所尋求協助。

結果，他媽媽的一位鄰居在那家診療所工作，打電話通報他的媽媽。接著，他住的診療所房間電話突然響起，媽媽和姊姊都來威脅他。那時，他已經搬離家裡，結了婚，有個兩歲大的女兒，但他卻徹底失去了心智。兒時的遭遇如陰影般縈繞不去，他再也無法掩飾和躲藏，那腐蝕了他，讓他由裡到外變了個人。」

吉姆．布瑞索慢慢地搖搖頭。

「他離開了診療所，拋下他的妻女，開車到一家汽車旅館。他注意到一個女性，跟蹤她，找到她住的地方，把她綁架，帶到汽車旅館強暴她，殺了她。然後，他開車到佛羅里達州，對一個住在那裡的女性做了同樣的事後，又再開車到德州對另一個女性做同樣的事，最後在那裡被捕，並被判死刑。他是我遇到唯一一個在三個不同的州被判死刑的男人。他坐在我的正對面，沒有抱歉，也沒有試圖要為自己辯護，只談他做了什麼，然後說，他被捕的那天，是他人生中最棒的一天，因為他知道他再也不會傷害任何女人了。接著他說，想打最後一通電話給他女兒，他已經有十六年沒有和她說話了。我安排他打了電話，他們兩個在電話中都哭了。他告訴她，他想讓她知道他有罪，他做了每一件他被指控的事，所以她不要對司法系統覺得憤怒。他說他是該死，但在他臨死前，想找機會告訴她，她應該把握自己的人生，他很抱歉讓女兒失望了，祝福她永遠快樂。這件事極為感人。他被處決以後，我讀了他的案子，查看警方檔案照片，發現那三個被他殺害的女人，全都長得非常像他姊姊。」

這樣的故事似乎說也說不完，而且吉姆．布瑞索說話很有魅力，他的聲音輕柔卻充滿熱情，聲音裡帶著一股信念和力量。他提到，另外有一個囚犯，他在行刑前的幾小時，想打電話給地方廣播電台點播一首歌，吉姆．布瑞索聽了有點不知所措，於是去問典獄長吉姆．威列特，看看能否獲得批准。典獄長當場回絕，並解釋說，讓死刑犯向電台點播歌曲，社會大眾和媒體肯定會一片嘩然。

「當然，他說的沒錯；但還是值得試一下。」

於是，吉姆．布瑞索和那名人犯坐下來聊了聊那首他想要點播的歌〈藍色晴空〉（Blue Clear Sky）。原來，這位犯人是鄉村樂迷，那首由喬治．史崔特主唱的歌曲是他的最愛。死行執行時間訂在下午六點，根據規定，下午五點鐘應該要關掉收音機，好讓行刑前最後一小時處於安靜狀態。但吉姆．布瑞索和那名人犯談話談得太投入，完全忘了收音機的存在。就在還有三分鐘就到六點的那個時刻，收音機播放出來的歌曲正是〈藍色晴空〉。吉姆．布瑞索笑著回憶說，那是個奇蹟。那首歌的最後一個音符一消失，典獄長就站在門口說，時間到了。吉姆．布瑞索形容了那人如何嘴角帶著笑意，走向死亡。

「那就是你想為他們安排的事。另外有一名男子臨死前既害怕又懊悔，他以前沒有信主，於是我問他現在想不想？他說想。我伸出我的手，其實你該看看那時候他臉上的表情，他盯著我的手問，『我應該握住你嗎』？我回答，『是的，我們要握住彼此的手，一起禱告』。他把手放在我手裡時，渾身顫抖地告訴我，這是他十六年來第一次有人觸摸到他。之後，他又直又挺地走去行刑室。我絕不認為我是上帝，但我可以讓他們感覺到上帝的存在。」

人說，愉快的時光容易逝。

或許是真的。

但，當你和吉姆．布瑞索這樣的人坐在一塊兒，那時光飛舞的感覺，是非常獨特的經驗。你忽焉在此刻當下、忽焉在昔日某地。彷彿你被關在監牢裡，希望結束時間永遠不要到來；但兩個小時一眨眼就過了，我問了他我認為是我的最後一個問題：那三百次的死刑對他自己的死亡觀，有什麼影響？

「我再告訴你一件事，」他說。

「我或多或少可以明白他們經歷的感覺是什麼。我有前列腺癌和白血病，我等於也被判了死刑。七年前，我被告知還有五年可活。那是我現在不再參與死刑的原因，我的身體狀況很快就會跟不上了。」

他沈默，我也沈默。那個不明就裡的女侍，又出現在我們跟前，問我們要不要加更多咖啡。我點點頭，不發一語。她把我的咖啡杯加滿。我想知道，他是希望我聽聽就好，還是我可以把它寫進書裡。我問了他，他說我可以全權決定要不要報導這件事。

「死亡就是死亡。」他說。

「我的工作，教會了我這件事。而且，病痛加深了我的信念：人們浪擲自己的生命。我不一定是在談死囚。我見過有人來這裡旁觀死刑，他們看到自己心愛的人死亡之後，基本上就再也跨不出另一步來。有人精神恍惚地過了十年、十五年或廿年，心中充滿了恨。」

他停下來，喝了口咖啡，再開口說話。

「我從三百次死刑當中，學到的是：那些男男女女，這一分鐘還活著，下一分鐘就死了。我也就要死了。我對他們說過的話都是肺腑之言，我也非常希望你可以把這些相同的話傳出去，讓那些讀者知道這個事實：生命是一份禮物，不要浪擲它。儘可能做好事，儘可能寬恕。如果這些你都做到了，繼續向前走；不論是今生，還是來世。」

他突然問我，這幾個星期與死亡共處，覺得最困難的是什麼？我說，最難的事情是和范恩·羅斯道別。你看著那個人，而且清楚知道他大概沒有多少時間可活了。

他點點頭，同意眼看一個人走向死亡，是極為特殊的感受。

我問他，當他離開死刑犯的時候，會說什麼？

「我說，『再見，謝謝你與我分享你的人生』。」

五分鐘後，我們站在停車場，決定稍後在喬伯德（Joe Byrd）公墓見面，拍幾張照片。他把自己甩進他巨大的藍色卡車裡——德州的人，車子都很大——對我揮手。我坐進我租來的小車裡。當他的車子開離停車場，我做了一件當記者這麼多年來，從來不曾做過的事：我倚住方向盤，哭了起來。

喬伯德公墓是亨茨維爾風景最漂亮的一個地方。但那片墓地有很長一段時間一點也不美麗，只是一塊沼澤地，到處都是螞蟻窩和雜草。

公墓距離監獄不過半公里遠，位在亨茨維爾舊區梧桐路以東、鮑爾大道上的一片隆起地帶。那片土地在一八五五年交給了德州政府，因為一些誤解，開始把囚犯葬在那裡，後來大家將錯就錯，持續至今。在挖掘第一個墳墓時，那裡被叫做「派克伍山」（Peckerwood Hill）。Peckerwood 源自 woodpecker（啄木鳥）這個字，以前是用來稱呼那些可憐的囚犯；他們是惱人的啄木鳥，沒有人願意或有能力買地埋葬他們。而根據德州法律規定，坐牢時死亡的人，不論原因為何，就算沒有人為他們支付費用，都可以獲得妥善安葬。那些人被送到派克伍山。時至今日，已有三千多個亨茨維爾監獄囚犯在此安息。他們有很多人下葬時連名字都沒有，有的只是囚犯編號和一個「X」，表示他們是被處決的。一九六〇年代，當時的代理典獄長喬伯德認為這樣實在很可恥，於是在自己休假時去墓地打掃和清潔。最後他想辦法得到少數模範囚犯的幫助，一起在那裡打造了一個美麗的墓園，成為今日的公墓。現在，那兒仍有三百一十二個不知道是誰的囚犯舊墳，監獄囚犯為那些墳建造了簡單的白色水泥十字架，豎立在無名墓上。走在墓園裡，人們很快會注意到兩個特別顯眼的墳墓，它們一個是牛仔的墳墓，一個是印第安人的墓。在德州，這特別令人感到諷刺。

墓園裡有一個氣勢宏偉的紀念碑，是由一群坐過牢的牛仔付錢蓋的，那裡安葬著牛仔李史密斯（Lee Smith）。墓園中央整個區域最漂亮的地帶，曾經安葬過一位名叫薩唐塔（Satanta）的基奧瓦（Kiowa）印第安酋長；他在沃斯監獄裡自殺，於一八七八年下葬於此。薩唐塔的遺骸後來依據基奧瓦部落習俗，在一九六三年改埋他地，但紀念碑還是立在原地。

一週之內若有人死亡的話，會在週四舉行葬禮；死刑執行當天如果沒有家人來領遺體的話，也會在同一天安葬。看到吉姆·布瑞索向我迎面走來，我忽然覺得，對我來說，這裡會是一個很好的永恆安息之地。那個男人很快就要死了。

我有一股衝動，想衝上前擁抱他，而身為記者，那並不是我應該做的事。但他走得愈靠近，衝動就愈難壓抑。距離我第一次和這位牧師說話，只相隔幾小時，這段時間卻好像有一生那麼長。最後我走向他，他先張開手臂來，我也張開雙臂，那擁抱既溫暖又讓人安心。「今天真是特別的一天，是不是？」他說，但並沒有期待我回答。

我們沿著公墓走。他已在這兒安葬了五百人。他指著一排排的墳，告訴我有些他記得特別清楚。他談到了那些沒有任何家人出席的葬禮有多悲涼，就只有他和監獄的代表，他們兩個站在那裡。雖然他可以理解人們往往會對這些囚犯避而遠之，但眼看沒有一個人來為死者哀悼，他還是覺得很難過。吉姆．布瑞索提到，他身為監獄牧師，會為一些在獄中死亡的人舉行葬禮。其中有個人犯不是死刑囚犯，他生前被關在另一區，吉姆．布瑞索以前從來沒見過他。他告訴那些圍繞在墳旁的人，歡迎他們對躺在棺材裡的那個男人說幾句話。現場安靜得叫人很尷尬，然後，有個年輕男子站向前，低頭望著墳墓。

「我在這裡唯一的理由，是想確定那個狗娘養的兒子真的死絕了。他是我父親，他以前虐待了我。」那男子說。

吉姆．布瑞索指著另一個墳墓，想起了另一次的葬禮。當儀式結束時，一個年約三、四歲的小男孩衝上前，扯下自己褲子，開始對著棺木撒尿。

「我大吃一驚，但那家人沒有一個人想要去阻止他，可以想見這些親人對躺在墳裡的小男孩的祖父，都沒有什麼好感。他們全都想要在他的墳上撒尿。真的！」

吉姆．布瑞索繼續沿著墓碑漫步，他指著七排墳墓，每一排都有十二個十字架。他告訴我，躺在裡頭的每一個人都是他安葬的。他回想起一個可怕的暴風雪天，死者家屬沒有一個到場參加葬禮，吉姆．布瑞索開車去墓園，聽到風雪狂烈拍打著擋風玻璃。獄方有另一個人被指派擔任代表參加，他和牧師說不必非得下車不可，他們可以坐在車裡頭舉行葬禮，避開風雪。在回憶中，牧師哼了一聲，搖了搖頭。

「我不能對他做這種事。」

我們走到了一排有五個很古老的墳墓的地方，每一塊墓碑上都是女性的名字。吉姆．布瑞索告訴我，這五個墳墓是從別處移來這裡，他參加了遺體挖掘出土、換去新的安息地點的祈福儀式。他指著其中一個墳墓，要我別記下那女性的名字。他說她的棺木在移動中裂開來，遺體當場掉了出來。

「那真的很嚇人。突然之間，屍體就躺在那兒了。她身上沒有穿衣服，就只有一塊裹屍布，因為那塊布脫落了，她全身赤裸。正在協助挖掘屍體的那些犯人，全都盯著她看。其中至少有一個人小小聲地說，「那是陰道，我有十年沒有看過那種東西了。就是長那樣——我終於看到了，可是它已經死了五十年了。」

牧師在回憶中忍俊不住。然後他開始大笑。

「對不起，我真的忍不住。那次事件，是我經歷過最荒誕、也最悲喜交加的一回。」吉姆．布瑞索說。

他站在樹下，環顧四周。有一小個片刻，他看起來就好像是第一次看見這墓園似的。「這是個美麗的地方，也是個不快樂的地方。不過，我喜歡這裡。有很長的一段時間，我還想過，我不會反對把自己葬在喬伯德。」

我們最後來到了最古老的幾處墳墓前面。有五個墳墓的日期相同，都是一九二四年二月十八日。

「那五個人是最早被用『老火花』電椅執行死刑的。五場死刑一個接一個進行，他們全都坐上了電椅。」

他指出其中一個墓碑，墓碑上的死者名字是馬文．強森（Melvin Johnson）。

「有意思，我參加過另一個馬文．強森的死刑。」他說。

艷陽高照，鳥兒在樹間輕唱。我們在這裡，分分秒秒都有回憶湧現。毒辣的陽光，讓他想起了一個犯人。吉姆．布瑞索說，那人在被送往亨茨維爾的時候，半途抬頭張望已經十二年沒有看到的太陽，他讓陽光灑在臉頰上好幾秒鐘，然後轉頭對吉姆．布瑞索微笑說，「這是可以死掉的美好的一天」。

現在，吉姆．布瑞索也把視線轉向了天空中的那團大火球，讓自己的臉被強光照得發亮，讓陽光溫暖他的臉頰。

「今天也是一個死亡的好日子，如果就是今天的話。我已經做好了我該做的了。」

他轉頭看著我。

「明天有死刑？」

我點頭。

他靜靜地站在那裡，只是看著我。那是我畢生中經歷過最友好的凝視。

「我保證一整天都會把手機帶著，妳想談的話，就打過來。」

我點頭。

該是說再見的時候了。當一個人來日無多的時候，應該對他說什麼呢？有誰知道他沒有多久時間可活了呢？一週之前，我還不知道此事。謝謝這位站在我面前的男人，讓我知道該怎麼回答那個問題。

「再見，」我對監獄牧師說。

「謝謝你與我分享你的人生。」

他微笑。

「記得，做好事，寬恕，不斷向前走。」

行刑日
Execution Day

7/18

范恩．羅斯（編號 999429）

00：24　睡覺

02：45　聽收音機

04：03　寫信

07：00　聽收音機

10：45　家人來訪

11：30　家人來訪

只有藍天和綠野永生不息，今天是個死亡的好日子。

大衛．馬汀南茲（David Martinez），
二○○五年七月廿八日伏法

當羅傑．伯索爾（Roger Birdsall）走進他在休士頓希爾頓飯店的房間，印入眼簾的第一件事，就是那張床。那是二○一三年七月十八日星期四，晚上十點剛過，這一天快結束了。他再看了看那張床。那床鋪得如此完美，只有旅館房間才辦得到。白色的床罩蓬鬆，四個枕頭沿著床頭如軍事化地精準置放。他看著床，唯一能想到的就是：「今晚我怎麼可能睡得著？」

＊＊＊

十四個小時前，當七十歲的羅傑．伯索爾睜開他藍色的雙眼，他立即察覺到自己胃部有一股奇怪的感受；那是你等了四千五百五十一天之後，終於等到那特別的一天，才會出現的那種感

覺。

等待。而不是期待。那是有差別的。

他打開行李箱，一下子不太確定自己要穿什麼。按照禮儀，要穿什麼樣的服裝才適合去參加殺害了你弟弟凶手的死刑呢？西裝太正式，太做作了。他不想盛裝出席范恩·羅斯的死刑。他決定穿平常的衣服，有明顯摺痕的卡其褲和藍色短袖襯衫。

「這十二年來，我反反覆覆地想著自己到底該不該出席。一直到去年我才清楚，那是我該盡的責任。我覺得，為了道格，家裡應該有人到場。」羅傑·伯索爾說。

他的弟弟，遭到殺害的道格拉斯·伯索爾，有兩個孩子，一兒一女。他們不想要和范恩·羅斯的死刑有任何關連。

「把我一手養大的父親教育我，讓我相信死刑是不公正的。我認為，在失去了兩條人命之後，現在再奪走第三條人命，只會更糟，那真的一項恥辱。」道格拉斯的兒子在他紐約的家裡，寫了一封簡短的電郵，寄發給幾家新聞媒體。於此同時，他的伯伯，羅傑·伯索爾正準備從休士頓的旅館出發，不到一個小時之後，就會到達亨茨維爾的行刑室。

「我沒有和道格拉斯的孩子討論這件事。我們的關係很好，是我自己決定要來參加的。我母親兩年前過世，我想，有部分原因是她心碎了。她很想看到范恩·羅斯死掉。我從來就沒有想要讓她去經歷那件事，畢竟她已經九十歲了。我也不覺得那對她有什麼好處，但她就是很想看到他被處死，而且，家裡要是沒有人出席這場死刑，似乎有些不敬；如果我們全都不去見證那個殺了道格的人為他自己所作所為償命的話。」

羅傑．伯索爾不是唯一一個住在休士頓旅館的人。和他房間相鄰的另一個房間裡，住的是潘．亞歷山大（Pam Alexander），她在拉伯克的證人支援服務處工作。在凶案發生過後，她就一直和伯索爾以及麥克維德兩家人保持聯繫。現在她為了羅傑．伯索爾來到這裡。她已經提供受害者家屬支援服務廿三年了，但這是第一次有家屬要求她參加一場死刑，她很緊張。

「我答應提供這項協助的當時，好像不是我這個人在說話。我記得那天我和羅傑在講電話，他告訴我，他無法決定到底該不該參加。突然我聽到自己說：『如果你想去，我會陪你一起去。』我聽到自己說話的時候，心裡想著：『潘，妳在說什麼呀？』然後我聽到他問：『妳是說真的嗎？』我聽到自己回答：『當然。』我們掛了電話，我走進浴室，在浴缸裡伸長四肢；每當我想釐清自己的思緒的時候，一定會泡個澡。然後我明白了，剛才說出那些話的，不是我，而是上帝。上帝知道羅傑需要我。」

現在的她，覺得不安、也不清楚自己捲進了什麼事情裡。她醒得很早，沒吃早餐，她一點也不餓。她在房間裡走來走去，為出門做準備。她並不急。她先和上帝說話，好像祂就在房間裡站在她身邊一樣。她告訴祂，她希望祂今天能夠陪著她，這樣她就能夠完成任務。

旅館把冷氣開到最強，她不知道外頭是什麼天氣。所以，她去窗戶旁邊，把厚厚的窗簾拉開來，她看到厚重的雲層覆蓋著休士頓。潘·亞歷山大想著，不知道監獄裡會有多熱、多潮濕。

她決定把頭髮盤起來，這樣不管濕度是多少，頭髮都不會變型。她把髮型調整好之後，但覺得不是很妥當，又把頭髮放下來。她穿上了一條長度過膝的黑白花紋裙子、一件黑色襯衫、黑色鞋子。不穿長統襪，是因為會太熱了。就在她踏出門的時候，她突然不安地覺得自己的衣服可能會不太適合，可能會被拒絕進入死刑屋，因為她裸露了雙腿。她想像如果自己不被准許陪同羅傑進去的話，羅傑會受到什麼影響。在她搭電梯去樓下大廳之前，她塞了一雙尼龍襪子到皮包裡，才覺得比較安心。羅傑·伯索爾坐在過於華麗的大理石大廳，等待著她。當他看到她走過來的時候，站起身來。對七十歲的男人來說，這是想都不用想的基本禮貌。一股暖流充滿了潘·亞歷山大的心，她想起人在拉伯克家裡她那十六歲大的兒子。她希望自己可以用同樣的方式教養他，那樣一來，他以後就會在看到一位女士進到房間時，站起身來以示禮貌。

「這是悲慘的一天。」同一天上午，退休警員道格·普克特在鏡子前面整理儀容時，這麼想。今天是很慘、很慘的一天。

他住在同一間旅館，比其他人高一層樓；他準備好了。他在內心深處渴望的是，不要去過這一天。今天，有一位母親會失去她的兒子。這個前任警察知道，當你的孩子死去時，發現自己置身在深不可測的空虛裡，是什麼滋味。他失去過一個兩歲的兒子，兒子是在保姆的看顧下，窒息而死。不只他自己曾經經歷過這種失去摯愛的傷痛，他也從許多悲痛欲絕的眼睛裡，看到它們反射出來相同的悲痛。像是在十二年前，他去徹斯特．羅斯家敲門，告訴那位父親，他的女兒薇歐拉．麥克維德，死了；那個時候，他看到了那樣的雙眼。他在道格拉斯．伯索爾的母親的眼裡，也看到了同樣的悲痛。而今天，另一位母親也將陷入那無邊無際的悲痛裡，當范恩．羅斯被處死時，她將失去她的兒子。道格．普克特今天一點也不覺得喜悅，但他把這天視為一個重要任務的最後完結篇。

范恩．羅斯案，是他擔任拉伯克警探這麼多年來唯一一個判死刑的案子，根據合理推測，這項死刑很快就會執行。他穿上自己昨天穿過的牛仔褲，換了一件桃色襯衫，心裡想著不知道有沒有可能最後一刻上訴會成功，讓死刑暫緩。道格．普克特套上靴子，戴上牛仔帽。在走去和潘．亞歷山大以及羅傑．伯索爾會合時，他想起了十二年前，自己第一次對范恩．羅斯做的訊問。那是一個充滿自信的年輕人。

「我告訴他我們手上有什麼證據。我說我們有一個上頭有他的ＤＮＡ的塑膠手套指尖，我們有他毛衣上的血跡，我們逮到他了。我對范恩．羅斯說，你不必說是你做的，因為我們已經知道是你做的，但你為什麼這麼做？那時，范恩．羅斯看著我回答說，『如果你拿到了你說你有的東西，你就有了真相，但我保證你沒有拿到。』」

聽到了那番話，當下，道格．普克特在偵訊室，用三項承諾回應范恩．羅斯。

「我說：『如果你敢確定我手上沒有證據，那我就答應你三件事。第一，我會在你被逮捕的時候在場。第二，我會在你被判刑的時候在場。第三，我會在他們用針筒把致命的毒藥注射到你身體的時候在場。』」

道格．普克特實踐了第一項和第二項承諾。當年，是他手拿著拘捕證站在范恩．羅斯的家門口。他也坐在法庭上，聆聽法官判處范恩．羅斯死刑。而他很快就要實踐第三項承諾，看著毒液注射進范恩．羅斯的身體裡。當潘．亞歷山大打電話來，問道格．普克特是否願意和她一起參加那場死刑，陪伴羅傑．伯索爾，他毫不遲疑地答應了，儘管那表示他必須從他位在拉伯克近郊的家，開七個小時的車，才能到達亨茨維爾的死刑屋。

「想聽我的意見嗎？范恩．羅斯是個有操控欲的反社會者。」他說。

「他是我碰過最糟糕的人，一個卑鄙無用、只想指揮和操控別人的人渣。但我的意見不重要，重要的是陪審團的意見。他們判了他死刑。」

潘、道格、羅傑這三人組，外人很難把他們想在一起，但早在十二年前，當那場凶殘的雙屍命案發生時，他們的人生就有了交集。現在，他們一起坐進道格．普克特的車子，開上北向的州際四十五號公路。潘．亞歷山大坐在副駕駛座，羅傑．伯索爾因為膝蓋痛，坐在後座，這樣他就可以把腿伸直。兩個男人討論了汽車話題。當羅傑．伯索爾在卅年前搬去加州時，他曾經做過汽車買賣經銷商。而在道格．普洛克特從警察職務退休之後，他是在拉伯克近郊的一家車行工作。三個人都很欣慰他們的談話重點是汽車，而不是死刑、死亡和謀殺。

坐在汽車裡的時候，羅傑．伯索爾心中突然對這兩個和他同行的人，充滿感激。范恩．羅斯的審判，在二〇〇二年秋天持續了一個星期，在那段時間，潘．亞歷山大每天都陪著羅傑．伯索爾。

「坐得和范恩．羅斯那麼近，知道他對我弟弟和那個年輕的女人幹了什麼事，那真的是令人非常痛苦。我不是一個暴力的人，真的很難、很難承受。有時候我會覺得自己的情緒超過我所能負荷。」羅傑．伯索爾說。

「在范恩．羅斯受審期間，潘對我的支持是筆墨難以形容的。她打從第一天就在那裡，從道格拉斯的葬禮開始。至於道格，他也是一股莫大的支持力量。審判的時候，有一天特別可怕，他們展示了非常多張我弟弟爆成碎片的照片。他有張照片是躺在那裡，好像一袋血肉模糊的馬鈴薯，那照片蝕刻在我的腦海裡，雖然審判還在進行中，我卻不得不離開法庭。我必須轉換念頭，呼吸點新鮮空氣。就在我站在外頭，試著喘口氣的時候，我感覺到有隻手放在我的肩膀上，我回過頭，看到了道格．普克特。他說，『羅傑，你要相信司法，相信德州這裡的人。他們是好人。我向你保證，會是死刑』。」

羅傑．伯索爾暫時打住。

「那些話意義重大。聽了那番話之後，我得以重新回到法庭。」

道格．普克特回憶起那一段時，不安地動著。

「人們來自不同的地方，他們不了解。如果你在瑞典犯罪，進入的是瑞典司法體系。有些人從加州來，不了解德州。在德州，法律很重要。我們有死刑。在這裡，犯了罪就必須接受懲罰。在美國，尤其是德州，其中一項懲罰，就是死刑。不管在別人眼中是對是錯，這裡的民眾要的就是這個。」

道格．普克特說，那時他站在法庭外頭，他百分之百確定，陪審團手上握有他們所需要的所有事實真相。

「我知道展示出來的是什麼照片。我那時告訴羅傑的話，說范恩．羅斯會被判死刑，是因為我要羅傑相信德州。要他有信心，真相會獲得勝利。」

道格．普克特說，在進行調查期間，他和伯索爾的家人談過很多，也談很久，不是只有和羅傑談。這位警察也和受害者的母親和兒女有過深入交談。他知道道格拉斯的兩個孩子並不希望范恩．羅斯被判死刑。他也知道道格拉斯．伯索爾的母親最想看到的就是死刑。道格說，那樁命案調查最糟的地方在於，兩位受害者的家屬在悲痛的心情下，還得被迫面對揭露出來的事實。那些事情，薇歐拉．麥克維德和道格拉斯．伯索爾兩家人都不想知道、本來應該也不會知道。

「調查結果顯示，道格拉斯的變態性慾，或不管你想叫它什麼都可以，就是年輕的黑人妓女。那是他的選擇，我們都有自己的選擇，而那是他選擇的。很不幸，那項選擇導致他被殺害。就好像你可以選擇開快車，冒著發生車禍或被開超速罰單的風險，或是你決定殺掉某個人，冒著最後去坐牢或自己因此死掉的風險。我們都為自己做選擇。」道格．普克特說。

對羅傑．伯索爾來說，這場通往死刑的旅程，在情緒上混雜著困惑與糾葛，將他來回拉扯著。有關汽車的談話，現在開始摻入了許多回憶，還談到他第一次把自己的一切拿去做賭注，搬到美國另一端，開了一家車行。這場旅程終點將抵達的死刑，一直在他腦海裡揮之不去。是那場審判，把這三個人連結在一起。

現在與當時。

那裡和這裡。

加州和德州。

生與死。

全都匯集在四十五號州際公路上，那輛向北而行的小型卡車裡。

羅傑·伯索爾說，那場審判，涉及到他們摯愛家人的秘密大曝光，因此變得特別難以承受。羅傑·伯索爾第一天坐上證人席時，原本以為要談他擔任圖書館館長的弟弟如何熱衷散播知識，如何深愛孩子，把他們當成世上最重要的寶貝。但相反的，他被質詢的是他弟弟找年輕黑人妓女買春的頻率有多高。

「我深感震驚。審判第一天，我打電話回家給我太太說，『他們在說的那個人是誰？那不是道格』。我們永遠不會知道到底發生了什麼事，但是在法庭上浮現的那些事對我們全家人來說，都太可怕了。一個接一個證人說出來的事，都讓我們訝異得無法呼吸。道格那方面的人生，我們這些人、他的手足、他母親和他孩子，都不知道。而看到弟弟的照片出現報紙上、閱讀一篇又一篇有關他應該有付錢給年輕女子買春的報導，對我們造成了難以想像的傷害。那不該是我們記住他的方式。道格是個非常好的兄弟，他是個很棒的爸爸，他的孩子、他的工作和大學，是他的生活重心。」羅傑．伯索爾說。

他想著那些永遠得不到回答的問題。而在審判中，有兩次范恩．羅斯被帶進法庭時，剛好羅傑．伯索爾也進到法庭內，他們突然彼此相隔只有幾公分的距離。

「范恩．羅斯兩次都看著我說，『早安』。那真的非常奇怪。」

當羅傑．伯索爾坐上車子，前往死刑屋的時候，他想著多年以前，那兩次他們在法庭裡與對方相遇。他當下很想問一些問題，他們站得這麼近，一個失去了親人的哥哥，和一個殺人嫌犯，相互對望。那些從來沒有問出口的事，縈繞在羅傑．伯索爾的心中，年復一年、一遍又一遍地吶喊著，要他好好記住。

「我只想問他，『為什麼』？為什麼要把兩個人給殺了？范恩．羅斯是個受過教育的人，他不像那些和他一起坐牢的其他多數人。他是怎麼走錯的？錯得這麼離譜。他知道自己住在哪一州，他知道這裡執行死刑。他是聰明人，但他還是拿著手槍，凶殘地槍殺了兩個人。我只想知道為什麼。」

羅傑．伯索爾說，當范恩．羅斯被判刑的那一刻，他感覺到一股哆嗦穿透自己的脊樑。他永遠忘不了法官看著殺了他哥哥的那個凶手說：「德州政府決定，你將因你犯的罪行而死。」當法官問范恩．羅斯，他是否了解那是什麼意思時，他平靜地回答：「是。」十年九個月又廿四天之後，當羅傑．伯索爾想到那一刻，也再度感受到那股穿透他脊樑的寒意。

潘．亞歷山大和道格．普克特，同樣清楚地記得那一刻。

「我看著范恩．羅斯，想要看看他的靈魂。每當我和家屬們坐在法庭裡，我都會這樣做。我會試著看進罪犯的靈魂深處，想要找到他們良善的一面。在范恩．羅斯身上，我什麼也沒有看到。」潘．亞歷山大說。

「對我來說，這個判決讓人感到解脫，儘管並不是開心的事。」道格．普克特說。

「這證明我善盡了職責。這世界上沒有什麼事會比接受委託進行謀殺案調查，責任更重大。你負責找出那個人為什麼會被殺的原因、人是誰殺的，你還必須有足夠的證據將那個人定罪。陪審團判定我竭盡所能地把工作做到最好了。」但他也說，有一塊很重要的拼圖，還是沒有找到。

裝著道格拉斯．伯索爾和薇歐拉．麥克維德屍體的汽車，是在距離謀殺現場五點六公里的地方被人發現。范恩．羅斯應該是把車子開去那裡才對。問題是，後來他怎麼回家的？

「有第二個人涉案。我們非常確定就是這麼回事，只是我們沒有足夠的證據。我們認為有人幫助他丟棄屍體。」道格．普克特說。

對羅傑．伯索爾來說，還有人同謀的這個想法，超出了他現在所能應付的範疇，或許以後也不會有辦法應付。他打算為了弟弟，經歷過這一天。有一個人會為這個罪行付出代價。然後，他會把這一切拋在腦後。

德州政府敲定范恩．羅斯將在晚上六點整死亡。羅傑．伯索爾、道格．普克特和潘．亞歷山大，在下午三點把車子開到了亨茨維爾的監獄。三個人被帶去一間會議室。那裡有水也有點心。他們都不想吃什麼，但每個人都還是倒了一杯水，以免顯得不禮貌。獄方準備為他們簡報什麼時候會發生什麼事，但首先，一個在亨茨維爾監獄工作的女職員問羅傑．伯索爾，是否可以談談他弟弟。能有這樣的機會，羅傑很高興，也很感動。他開了口，卻不知該從什麼地方開始說起。他說了一些關於他弟弟孩子的故事，那些道格拉斯．伯索爾沒有能夠經歷的事。他描述道格拉斯．伯索爾的女兒在婚禮上有多美，那場婚禮是在他父親死後的六個月那時舉行。

「她的結婚蛋糕也很棒。她跳舞的時候，開心得不得了。她和她先生現在有四個孩子。道格沒有能夠看到，這些他全都錯過了。他非常愛他的孩子，他一定會很疼愛他的孫子。」

羅傑告訴他們，他弟弟的兒子怎麼考上了耶魯大學，然後現在他在曼哈頓工作，是個律師。

「他是非常聰明的年輕人，是我見過最聰明的人。他和道格在那方面很像，真的很不可思議。」

他談到他弟弟如何熱衷教育，說道格拉斯．伯索爾相信，每個人都應該有接受教育的權利。對於羅傑來說，焦點突然轉移的感覺很好，可以多談一點他弟弟，而不是那個即將死亡的男人。對另外兩個專程前來支持他的人，潘和道格來說，羅傑談論他家人的那段時間，是那一整天最好的時刻。

當羅傑．伯索爾說完的時候，典獄長播放了一段影片，好讓大家知道接下來會發生的事。影片不是很新，但內容明確，沒有留下任何想像的空間。它一步步解釋了范恩．羅斯會怎麼樣很快地死亡。

影片結束後，大家拿到了一份資料夾。由於范恩．羅斯接受了廿四小時的錄影監控，所以他們可以看到囚犯九九九四二九最後這幾天，在牢房裡幾乎每一分鐘的記錄。

他們得知，在七月十六日凌晨三點廿三分，他的早餐送來了。他在同一天下午一點，沖了個澡。在晚上九點卅五分，他坐下來讀信。他們看到了時間表上寫道，昨天，也就是死刑前一天，他的家人在上午九點卅分和他會面。而在下午三點，他站在自己的牢房門口，和死囚區的其他犯人交談。然後在晚上十一點廿七分，當羅傑、潘和道格三人在休士頓的旅館房間難以成眠的時候，范恩．羅斯是坐在牢房裡的床上，正在寫一封信。

他們也拿到了兩張照片，第一張是他們記得的范恩．羅斯，那是他廿九歲被判死刑那年的模樣。另一張是范恩．羅斯最近的照片，他們再過幾小時就要見到他了，所以要先讓他們有心理準備，因為等下看到他的樣子是有變化的。這張照片是不到廿四小時之前拍的。他們看到范恩．羅斯在過去十二年，體重增加了四十五公斤。

「感覺很奇怪。」羅傑．伯索爾說。

「不是說我想要他死，只是，讓他活著似乎也是不對的。他殺了兩個人，奪走了他們的性命，改變了這兩個人周圍的許多人。而想到他坐在監牢裡，吃著東西，變胖……我該怎麼解釋才好呢？范恩．羅斯在這裡，他存在著。我弟弟和那個年輕女人卻已不在這世上了。但范恩．羅斯還活著，他可以享受那些小事，可以閱讀、聽音樂。我可以想像他以前做的那件事，那不是什麼亂射的流彈，而是十一槍，四槍射進他們的腦袋。我可以看見他把道格拖出車外，看見他把我弟弟的屍體丟到後座。那很難的。我想到所有愛道格的人，還有那些愛著那個和道格一起在車裡的年輕女性的人。而那個奪走他們生命的男人，現在還活著，體重增加了，那是不對的。但即便如此，我也不會說等一下要發生的事是在復仇。」

下午五點，羅傑．伯索爾很緊張。潘．亞歷山大看著他，也覺得自己的心在隱隱作痛。那是關鍵時刻。如果州長里克．佩里（Rick Perry）或美國最高法院決定延後行刑，現在就會知道了。會有兩通電話打到典獄長辦公室。他們會對范恩．羅斯的死刑做出裁示：執行或暫緩。第一通打來的電話對范恩．羅斯表示憐憫的可能性很低，共和黨里克．佩里當上州長以來，德州已經執行過兩百五十四次死刑，他也是史上給予緩刑人數最少的州長。會在最後一分鐘讓事情發生變化的，將是來自美國最高法院暫緩執行死刑的決定。

潘．亞歷山大對這整件事想法很矛盾。她不希望羅傑以後還要重新經歷一遍今天的過程，但她堅定的信仰，也讓她對於不到一小時之後可能看見的事，感受很複雜。不可殺人。但聖經也說，奪走他人生命的人應該被判死。她認為，聖經裡這些彼此衝突的指令，好難。糕點送來了。那是沃斯監獄裡的囚犯烘焙的，但不管是潘．亞歷山大、羅傑．伯索爾，還是道格．普克特，都沒有人吃得下。他們全都再拿了一杯水，以免顯得不領情。

「這很棘手。我明白范恩．羅斯正在另一房間裡踱步，我現在也有同樣的感覺，但是今天是他自作自受，而我們並沒有做什麼。」潘．亞歷山大說。

她只希望能夠減輕羅傑．伯索爾的痛苦，讓正在過去的這些時刻，不要那麼艱難。但她辦不到，她只能保護他。而她的確像個獵犬那裡，觀察門口動靜，確定沒有外面的人會來靠近他。

突然，三個穿著體面的男人走進了房間。潘．亞歷山大立即望向當地爭取犯罪受害者權益的倡議人士，想了解那些人是誰。兩名官員和典獄長先自我介紹，然後發布消息說，不會延期，范恩．羅斯準備要接受死刑了。

當范恩．羅斯被帶出他最後幾個小時待的牢房，由典獄長和牧師帶去行刑室，時間是晚上六點〇三分。於此同時，羅傑．伯索爾、潘．亞歷山大和道格．普克特，也開始了他們的旅程。他們走出會議室、下樓，出了大門，穿過街道，通過沃斯監獄的主要入口，經過接待前台再向左轉，然後走過一道長長的走廊，來到西北翼的死刑屋。潘．亞歷山大可以聽到自己的心跳聲。她四處張望，細心察看，因為這座舊監獄的入口很低，她陪伴的羅傑．伯索爾身材很高，可能會撞到頭。她擔心他膝蓋不好，所以在別人走樓梯時，她決定兩個人應該一起去等電梯。雖然只有一層樓要搭，電梯卻好像花了一輩子的時間才到達。幾秒鐘的時間變成幾分鐘，感覺更像是幾個小時。他們出了大門，穿過街道。突然間，潘．亞歷山大意識到，他們的後面跟著一小群人，他們是媒體和其他觀刑者。而她和羅傑、道格領頭在前。他們會比其他人先就定位。她和羅傑聊天，好讓他保持平靜，也讓自己保持平靜。他們被帶到了一扇門前，被告知在那裡等待。

然後，門打開了，他們獲准進入房間。

「不管他們花多大的努力想要讓你準備好，但你永遠無法為你即將在那裡看到的事做好準備。」羅傑．伯索爾說。

「突然之間，他就在那兒了，就躺在你面前。」

他突然就躺在那兒。被安置好，準備赴死。那個七天之前，還笑著聊天，談書、談氣味、談鬆餅、談觸摸的人，現在躺在那兒，米色皮帶綁住他的胸部和手腳。他的手上包著膚色的繃帶，四隻手指都被包住了，只剩下大牳指可以活動。這是德州獄政系統新增的一項作法。主要是因為以前的一位死刑犯陶德．威靈漢在受刑時，除了口吐髒話，更使出他僅存的力氣，向站在觀刑室裡的他的前妻，比出中指。獄方為了確保那種事不再發生，決定把死刑犯的手指包住。一塊白布，蓋在皮帶上，主要是用來遮住皮帶，但那些皮帶還是在白布下隱隱若現。白布被折成雙層，覆蓋到胸口上，這樣一來，只要在場的醫生確定四十一歲的人犯真的死亡了，就可以把白布蓋到死者的臉上。

范恩．羅斯自己走了最後幾步路，到行刑室。他的肚子空空，因為當天監獄警衛在普通拘留區牢房，搜查違禁品，廚房暫時關閉，所以沒有熱食。獄方提供范恩．羅斯一份奶油花生果醬三明治，但被他拒絕了。

「我們談的是一件持續了十二年的事。」道格．普克特說。

「這十二年突然整個出現在我們眼前，在這房間裡用一場死刑來呈現。這十二年，羅傑每天都在問自己，這場死刑會不會發生，他也不斷地想到發生在他弟弟身上的事。他的母親面對『兒子死了、兇手還活著』這樣的念頭十年，一直到她嚥氣為止。我們這些人是沒有辦法理解這一刻對羅傑的意義的。他站在那裡，為了他的母親，為了道格拉斯的孩子，也為了他自己。」

潘．亞歷山大看著范恩．羅斯，當年她在法庭裡也是這麼看著他。她試著看進他的眼裡，尋找他的靈魂。這一次，她還是沒有看到。她看到范恩．羅斯做了個鬼臉。

「對著道格，」她說。

「你可以看到他在想什麼：『哦，是那個警察。』」

她看到自己專程到這兒來陪伴與支持的那個男人，好像快站不住了；她轉頭輕聲說，羅傑需要一把椅子，趕快。不到十秒鐘，椅子來了，羅傑．伯索爾充滿感激地坐了下去。潘．亞歷山大把手放在他的肩頭，向上帝祈禱，范恩．羅斯這個有罪的男人會做正確的事。「再過一下子，就要見到你的造物主了，」她想。她繼續努力，看看能不能和那個在行刑室的男人產生心電感應。「你的造物主知道真相，他知道你做了什麼，看著羅傑懺悔，要求寬恕。」她想，只要他能做到這件事，這一刻就不會那麼黯淡淒涼。但是，當她看著他時，聽到那個躺在行刑床上的人問：「那些人是誰？」她覺得自己看到他嘴角的一抹微笑。就在那一瞬間，她明白，那件事不會發生，他不會說出她想聽的話。她感覺到自己的手不由自主地緊扣在羅傑．伯索爾的肩膀上。

「他們是誰？」他問。

羅傑．伯索爾覺得自己在顫抖，他非常憤慨。

「范恩．羅斯知道我們是誰。范恩．羅斯很清楚我們是誰。」

程序進行得很快。其中一個觀刑室是空的，范恩．羅斯的家人都不在場。他母親和他三個姊妹依照他的要求，沒有出席。她們都在德州，只是她們都沒有來沃斯監獄的這個房間。

二〇一三年七月十八日晚上六點十五分，典獄長轉向范恩．羅斯：

「你可以說出遺言了，如果你想說的話。」

他是有話想說。

是的，我要謝謝我的家人一路支持。我愛你們。我不怕死，我很好，我ＯＫ。我的朋友、我愛的人，米麗安，我愛妳，謝謝妳為了我而來。事情就是這樣，我知道對你們來說，這很難受，但我們都必須要經歷過這段。我們知道他們在法庭上說了謊話，我們知道那不是真的。你們要堅強，要繼續走下去。

然後，范恩．羅斯陷入了沈默。他要說的就是這些了。羅傑．伯索爾閉上眼睛，感覺到一股失望的浪潮沖向了他。他等待了十二年，不是等待即將發生的死亡，等的就是這一刻。他希望能夠聽到懺悔、得到一個說法。結果並沒有發生，他沒有得到答案，沒有得到懺悔。躺在枱子上的那個人，只有幾秒鐘可活了，他永遠不會告訴他為什麼要朝他弟弟的腦袋開槍，為什麼要射殺那個年輕的女人，是什麼原因讓他在二〇〇一年一月卅日氣得發狂，用光了他手槍裡的十一發子彈。

「我認為，我們三個對他的尊重，遠勝過他對我們的尊重。」他低聲說。

晚上六點過十六分，行刑者從他所在的那個房間，將毒液釋放到范恩．羅斯體內。潘．亞歷山大看到液體流動，愈來愈靠近。她生氣、失望，但絕望的成份佔了最多。

「他的遺言悽慘又可悲。他想要我們相信他的家人在這裡，可是我們都知道他們不在。聽到他說：『不要相信他們在法庭上說的謊，』那時我心想，你就要見到你的造物主了。現在正是你請求原諒、祈求慈悲的時候，這樣你才能得到你那造物主的寬恕。」

這一刻，她一心只想到一句話，她說了一遍又遍：上帝，請慈悲地對待他的靈魂。上帝，請慈悲地對待他的靈魂。當她說這句話時，她可以看到那些魔鬼前來帶走他，它們和他都在那個房間裡。

「我知道它們會在地獄裡永遠折磨他的靈魂，所以我向上帝祈禱，希望他能憐憫他的靈魂。我感覺到我的心在為范恩．羅斯淌血。我真希望他有說『原諒我』。」

她的眼睛裡滿是淚水。

「我相信如果在那個時候，他有說那些，有祈求原諒和接受主耶穌，我的心將會充滿喜悅，而不是恐懼。他將永生被魔鬼折磨，魔鬼就愛那樣。那些魔鬼根本不在乎。就算他永生都在告訴它們他是清白的，魔鬼都不會在乎的。」

「范恩．羅斯的遺言，是衝著我說的。」道格．普克特聽到的是截然不同的句子：「在法庭上說謊。」

「我的職責是為了受害者和他們的家人。我出現在這裡的目的就是要顯示，我在法庭說的全是真實的，沒有一丁點的例外。我站在受害者後面，站在真相後面，支持著他們。我知道他最後幾句話是對我說的，就算他沒有說得那麼直接。在我們來這兒以前，范恩．羅斯看過觀刑者名單，他知道的。」

整個過程只花了幾秒鐘，但是對於站在房間前方的兩男一女來說，卻是永恆。然後，范恩．羅斯閉上眼睛，開始打呼。

麥克．葛瑞茲克站在後面幾步遠的地方，在他的筆記本上再度寫了些什麼；和他兩天前才寫下的東西，異常巧合地雷同：打呼六次。

聽起來就好像是你坐著睡著了，再被自己的鼾聲驚醒，像那樣的六次打鼾聲。然後，范恩．羅斯安靜下來了。不過這還不算結束，在人們獲准離開房間之前，必須先由一名醫師進來證實躺在死刑枱上的那個人已經死了。潘．亞歷山大感覺到自己的心在怦怦跳。

「現在無法回頭了，」她平靜地說。

「范恩．羅斯下地獄了。」

最後，醫師進來，傾聽已經不存在的呼吸，然後把白色被單拉到那個四十一歲、從聖路易斯來的男人頭上。他曾有過夢想，想成為一名建築師，結果卻因為殺了兩個人被判死刑，在現在的這個時刻，二〇一三年七月十八日晚上六點卅八分，他被德州政府證實死亡。按照死刑的慣例，在范恩·羅斯的死亡證書上，醫師寫下的死亡原因是「謀殺」。

范恩·羅斯死了。

門打開來，潘·亞歷山大把手搭在羅傑·伯索爾的肩膀上，一起離開亨茨維爾的死刑屋。羅傑·伯索爾已經履行了他身為兒子、兄長和伯伯的責任。他穿過街道，回到他在一小時之前、一整個人生過去以前，曾經去過的會議室。他知道有人在那裡靜靜地等著他說點什麼。

「他死的時候，獲得了很大的尊重；那份尊重，比他在殺了我弟弟和那個年輕女人的時候，要多得多。」羅傑·伯索爾說。

「他死得時候沒有疼痛。道格不是。」

羅傑·伯索爾本來不打算和新聞媒體談話，但他踏出大門看到眼前的人群，突然感覺到自己想要發表簡短聲明的欲望。他簡短感謝警察和拉伯克當局提供給他的支持。不遠處有一些示威者站在那裡舉牌抗議死刑。他瞥了他們一眼，他不知道那裡頭有個金髮女子，兩天前剛剛成為寡婦。她的丈夫約翰·昆塔尼拉是近代德州第五百零一個被處死的犯人。瑪麗亞·布雷姆還沒辦法離開美國，她必須再多等一天，等殯儀館把她丈夫的骨灰交給她。儘管她心情悲痛，但她還是決定回到監獄這邊來表示支持。

「今晚，他們謀殺了另一個男人。」她說。

「又有其他的女人，在這裡失去了她們所愛的男人。」

羅傑·伯索爾、道格·普克特，以及潘·亞歷山大回到車裡的老位子，在靜默中，車子返回休士頓。這一次他們沒有再討論汽車了。他們沒有多說什麼。三個人全都陷入沈思，想著他們這一天目睹的事。他們一直等到回到旅館，停好車子，準備走進旅館內時，才開始交談。他們在漆黑的夜裡站了很久，才互道晚安。

潘·亞歷山大把身後的門關上，她的職責已了。她拿起手機，看到她的愛人，一位在達拉斯工作的律師，已經轟炸似地送了她一堆簡訊。她打電話給他，他立刻問她好不好，他已經擔心了一整天。

她只回答了一個字：好。

「他告訴我，『不，不要這樣，把妳的面具拿掉。妳現在是在跟我說話。妳不是在和受害者或警察說話，妳是在和我說話。』我說，『我知道，我很ＯＫ。』我聽到他說，『哦，我相信妳。』他問我是不是想和他談談今天的事，我說我會等到明天早上再談，今晚先不要談。」

她把衣服換下，爬到旅館的床上窩著。在熄燈以前，她做的最後一件事就是再度和上帝說話。她為稍早自己懷疑過祂表示道歉。她說，祂是對的，一如既往。她可以做到這件事。而且如果有需要的話，她會再做一次，陪在另一個需要她的家庭身邊。

道格．普克特需要好好睡一覺，讓自己好好地休息，因為他明天一大早得開七個小時的車，回到他在拉伯克的家。他現在全身酸痛、疲倦、失望和憤怒。

「說說看，這樣最後到底會有什麼好結果？」他問。

「你說得出來嗎？自始至終，有任何好的地方嗎？這件事佔掉我生命中無數個小時。結果是許多人被迫去忍受他們不該忍受的事。羅傑．伯索爾不得不去看那些他永遠也忘不掉的東西。我也看了那些我永遠也忘不掉的東西。道格拉斯．伯索爾那天決定和一個黑人妓女過夜，很慘。有人在那天讓范恩．羅斯非常生氣、讓他覺得自己有權殺掉道格拉斯．伯索爾，很慘。一位圖書館館長的屍體被當成垃圾一樣的丟到山谷裡，很慘。一位母親和兩個小孩被迫知道她的兒子、他們的爸爸，是個會去買春、找黑人妓女的人，很慘。一所大學不得已發現，受大家歡迎的圖書館長竟然有那樣的黑暗面，很慘。一位母親要她兒子去看殺人凶手伏法，可是受害者的兩個孩子、也是她的兩個孫子都反對死刑，很慘。所有的這些，從頭到尾都只是慘、慘、慘。我知道我必須保護那家人，因為那個躺在死刑床上的男人，可能會說出什麼話來傷害他們。而我做到了。我實踐了所有的承諾；那是我對范恩．羅斯、對羅傑．伯索爾、對德州許下的諾言。」

當羅傑．伯索爾踏進休士頓的希爾頓旅館房間，第一個印入眼簾的，是那張床。現在是星期四晚上十點多，二〇一三年七月十八日這天很快就要過去了。羅傑．伯索爾再次看了看那張床。鋪得非常完美。白色床罩鬆軟，四個枕頭精準擺在定位。但現在他能想到的就只是：「今晚我怎麼可能睡得著？」

他沒有再去多想別的。換下衣服，他鑽進了被窩。

羅傑．伯索爾一下就睡著了。

他一整夜睡得像個嬰兒一樣。

一年後
One Year Later

待會兒就要揭露的事情是錯的！然而，我們身爲人類，就是會犯錯。這場死刑是其中一個錯誤，但這並不代表整個司法體系是錯的。所以，我會原諒所有用任何方式參與了我的死亡的人。還有，對於任何一位過去卅九年被我冒犯過的人，我祈求上帝原諒，就像我原諒那些曾以任何方式冒犯過我的人一樣。我也祈求上帝分別寬恕所有的人類。對於我摯愛的人，我致上永恒不滅的愛。對於那些和我熟稔的人，你們心裡明白我愛你大家。願上帝保佑你們，也願上帝的祝福永遠與你們同在。羅納德．C．歐布萊恩。

PS：我在這裡的這段時間，德州刑事司法廳所有工作人員都對我很好。

羅納德．克拉克．歐布萊恩（Ronald Clark O'Bryan），

一九八四年三月卅日伏法

有很長一段時間，瑪麗亞．布雷姆不想繼續活下去。她曾經想死，只是沒辦法決定要怎麼死才好。

「我不想服毒自殺，割腕也不是我要的選擇。我想不出哪種方法可以成功。」

瑪麗亞．布雷姆傾身向前，從大盤子裡挑了一片餅乾。她把餅乾湊到嘴前，咬下一小口，然後喝一口已經冷掉的咖啡。她坐在自己位於德國杜特蒙德公寓的藍色沙發上，她曾夢想著有朝一日可以和約翰．昆塔尼拉共同在這個家生活。從某個意義上來說，這個家可以說是她和他共同分享的。他為她畫的畫掛在牆上。有一張加了框的照片，是他們倆站在各自的房間時拍下的。沙發上有隻玩具泰迪熊靠著她坐著。那隻泰迪熊的名字就叫做約翰，裡面還有一些他的骨灰。她把骨灰罈放在自己的床上。

「我喜歡睡在它旁邊，有時候夜裡醒來時，就可以把手放在上面。」她說。

一年前，她從德州回來，整個飛行途中，她都是把骨灰罈放在自己腿上。哭泣、覺得很空虛。她回到家，進到公寓時，她決定自己的人生已經完結了，她決定。她，應該也去死。

「我不能想像沒有他的日子會有任何歡樂。他是我生命中的最愛，絕對是我人生中最重要的人，突然間他再也不在了，他走了。」

結束生命的想法揮之不去，但在內心深處她知道，她丈夫不想要她這麼做。最後那種感覺勝過了她想死的心願，她去尋求協助。她在一個診療所待了八個星期，在那裡接受諮商和藥物治療。一年後，她還是需要服用抗憂鬱藥物。

「那有幫助。」

她說，她想了很多有關受害者家庭的事；畢林家、麥克維德家和伯索爾家。她說，在約翰·昆塔尼拉過世、自己參加了范恩·羅斯的死刑之後，想想那些家庭，是她治療的一部分，讓她可以繼續活下去；他們幫助她明白，她所承受的痛苦，其實也影響著其他人。她說，她常在想，現在那兩個殺人犯都被處死了，那些家庭的悲痛，不曉得會不會減輕一點；不曉得約翰·昆塔尼拉和范恩·羅斯的死，有沒有起任何作用。

「如果妳見到任何一位他們的親人，可以問問那個問題嗎？」她說。

我告訴她，我會試試看。

＊＊＊

在加州崔西市，我和羅傑·伯索爾約在In-N'-Out漢堡店共進午餐，那是一家只開在美國西部的漢堡連鎖店。現年七十一歲的伯索爾，對於我選的餐廳不怎麼滿意，他寧可我們去比較好的地方吃飯，但他接受了我畢竟是個觀光客、覺得這種經驗很新奇的事實。他堅持請我吃份量超大的十元套餐。

我抗議，他則說：「我這麼老了，非得我付才行。」

氣溫攝氏三十二度，我們坐在遮陽傘下，吃薯條沾起司醬、配漢堡肉汁外加焦糖洋蔥。我們傻傻地吃這些東西，同時嚴肅地談論著死亡。

「有部分的痛苦多少獲得了解決。」他邊吃邊說。

「所有的事都和范恩．羅斯有關。」

他塞了另一根薯條到嘴裡。

「其實『解決』這個字，是很糟的用詞。不會解決的。我弟弟還是死了。我幾乎每天都想到他，我還是會有衝動想打電話給他，但不可能，他不在了。但是知道范恩．羅斯死了，讓我得到一些平靜。悲傷永遠不會消失，但他會；范恩，慢慢消失了。過去這一年，我很少再想到他，很少再去想我目睹的那些。比我預期得少一些。」

不過，在我們站在各自的車子前，準備說再見的時候，他還是有一件事想要問，那件事他納悶了很多回。

「執行死刑的時候，他的家人都沒有來，讓我很不安。妳能不能查查看，他的遺體後來怎麼了？我不希望他是那些無名墓主之一。不管怎麼說，要是沒有任何人為范恩．羅斯哀悼，實在是很不幸的事。」

我回答，我會試試看。

＊＊＊

從見到范恩．羅斯那天，至今已過一年，我站在密蘇里州聖路易斯市的一棟房子外頭，他曾經住過那裡。他的母親晚上見到我的時候，剛剛回家不久。她的銀色汽車停在屋子前面，駕駛座那邊的車門銹得很厲害。那棟房子有點老舊，但花園照顧得很好。她說，談范恩．羅斯對她來說太痛苦了。她不想談。

「對我來說太痛苦了。」她表示。

「我每天都活在失去兒子的苦痛中。」

她的大女兒住在聖路易斯市郊一處乾淨整齊的住宅區，房子又大又寬敞，花園整理得很好。停在她家外頭的汽車，車牌浮華亮麗，還放上了那女人的名字。當她前來應門的時候，明顯看得出來，她是那種花大把時間打理自己的外表、花園和家裡的女人。她也不願意談她的弟弟，「我唯一想說的是，至少他回家了」。

距離那個漂亮的住宅區不過一個街區之隔，我發現自己已經身在聖路易斯市最陰沈的地帶，毒品交易在公園裡大剌剌地進行。一個嚴重受到某種藥物影響的男人，搖搖晃晃地走到街上，再倒到地上。在他旁邊有兩個目光呆滯、笑聲放浪的女人，完全沒有要把他扶起來的意思，儘管不斷有汽車從旁呼嘯而過。

范恩．羅斯最小的妹妹就住在這條街上。這裡有幾棟房子連屋頂都沒有。有兩個建物和她家比鄰相連，前方有「禁止穿越」的標示；這標示一方面是表示進入這些建築物是違法的，一方面是這些結構體可能會倒掉。最小的妹妹不在家，我留了字條，寫下電話號碼，請她再打給我，她沒有打。倒是在家裡排行中間的那個姊妹打了電話來。在官方資料上，那一家四名女性，只有她沒有固定住址。她很不高興。

「妳得立刻離開聖路易斯。我知道妳住哪裡，也知道妳的旅館房間號碼。如果妳不離開這裡的話，我會親自去解決妳，妳聽到我說的話嗎？妳不會喜歡的。」她說完就掛了電話。

我是想照她說的話做，但在我離開聖路易斯市以前，羅斯一家人對我敵意最少的女性給了我幾分鐘的時間，她告訴我，范恩．羅斯沒有墳墓。他們家把他的遺體火化，骨灰撒在聖路易斯市對他們全家意義重大的一座公園裡。和她交談了以後，我把車子開到這個城裡的一片綠化地帶，說出了我的告別。

我跪在草地上，感謝范恩·羅斯願意見我。我把他告訴我去見的那些人的事情告訴他。關於住在加州的羅傑曾表示，再怎麼樣還是希望他能有個墳墓；關於他的前女友麗莎已經原諒了他、卻不想讓他知道。我還提到吉姆牧師和珍·布朗，他們兩個都在他死的那天傳簡訊給我，說如果我想找人談談，可以打電話給他們。我對他談到了他的家人，說她們都想念他。說他母親一提到他的名字，眼裡仍然充滿淚水。

最後，我站起身來，用我希望自己在一年多前能夠做到的方式，向他道別。

「再見，」我對范恩·羅斯說。

「謝謝你與我分享你的人生。」

死前七天

關於罪行與死刑背後的故事

Seven Days to Live

作　　者　卡瑞納・伯格費爾特（Carina Bergfeldt）
譯　　者　胡玉立
責任編輯　汪若蘭
內文構成　賴姵伶
封面構成　賴姵伶
行銷企畫　李雙如

發 行 人　王榮文
出版發行　遠流出版事業股份有限公司
地　　址　臺北市南昌路 2 段 81 號 6 樓
客服電話　02-2392-6899
傳　　真　02-2392-6658
郵　　撥　0189456-1
著作權顧問　蕭雄淋律師

2017 年 3 月 30 日　初版一刷
定　　價　平裝新台幣 280 元（如有缺頁或破損，請寄回更換）

ISBN 978-957-32-7960-0
遠流博識網 http://www.ylib.com E-mail: ylib@ylib.com

Title: Seven Days to Live

國家圖書館出版品預行編目 (CIP) 資料

死前七天：一項關於犯罪與死刑的報導 / 卡瑞納．伯格費爾特 (Carina Bergfeldt) 著；胡玉立譯 . -- 初版 . --
臺北市：遠流 , 2017.03
面；　公分
譯自：Sju dagar kvar att leva
ISBN 978-957-32-7960-0(平裝)
1. 死刑 2. 罪犯 3. 報導文學 4. 美國
548.72　　　106001953